活的教育 好的生活

—— 嘉峪关市幼儿自主游戏课程故事

张　芹 ◎ 主编

兰州大学出版社
LANZHOU UNIVERSITY PRESS

图书在版编目（CIP）数据

活的教育，好的生活 ：嘉峪关市幼儿自主游戏课程
故事 / 张芹主编. -- 兰州 ：兰州大学出版社，2024.
7. -- ISBN 978-7-311-06681-9

Ⅰ. G612

中国国家版本馆 CIP 数据核字第 20244VC034 号

责任编辑　朱茜阳
封面设计　刘兴强

书　　名	活的教育,好的生活	
	——嘉峪关市幼儿自主游戏课程故事	
作　　者	张　芹　主编	
出版发行	兰州大学出版社　（地址:兰州市天水南路222号　730000）	
电　　话	0931-8912613(总编办公室)　0931-8617156(营销中心)	
网　　址	http://press.lzu.edu.cn	
电子信箱	press@lzu.edu.cn	
印　　刷	兰州银声印务有限公司	
开　　本	787 mm×1092 mm　1/16	
印　　张	15.5	
字　　数	220千	
版　　次	2024年7月第1版	
印　　次	2024年7月第1次印刷	
书　　号	ISBN 978-7-311-06681-9	
定　　价	52.00元	

（图书若有破损、缺页、掉页,可随时与本社联系）

序

一

心之所向，素履以往

在中国的西北部，有一片神奇的土地，片片绿洲勾连着中原与塞外，黄河穿越甘肃将这片土地划分为河东与河西。一南一北的山脉挤压出一条约 1000 公里的狭长走廊——河西走廊。沿着这条走廊一路向西，穿越茫茫戈壁，在纵横万里的长城和延绵千里的丝绸之路交汇点上，在巍峨耸立的祁连山脚下，你会如梦境般地与一座小城不期而遇，这里有"天下第一雄关"——嘉峪关，这座坐落在长城最西端的小城，"戈壁明珠"便是她，"雄关钢城"也是她。她既有城市的气质，也有乡村的味道；既有丝绸古道的苍茫和金戈铁马的悲壮，又有"一带一路"的大气蓬勃和安居乐业的美满安康；既能触摸历史的脉搏，又能倾听今天的乐章。于是，我们——一群有梦想、有情怀、有热情、有智慧的学前教育人和一群生于长城脚下、长在雄关怀抱的孩子们在这样的一座戈壁小城里，共同讲述着属于我们的教育故事，创造着属于我们的教育奇迹，也打造了一套有着雄关色彩和印记的游戏课程。

这套课程的开发始于十五年前，它的核心词是"儿童"和"游戏"。那时，老师带着孩子们游戏的时候，孩子们总会时不时地问老师一句话："老师，现在我能去玩了吗？"这样的发问引发了我们对课程的一系列思考：

现在不是在"玩"吗？

孩子们想要的"玩"是什么样的？

他们为什么要在我们设计好的游戏中"逃离"？

为什么会游离在我们认为好玩儿的游戏中？

他们想从游戏中获得什么？

我们的游戏和他们的游戏有什么不一样的地方？

怎样让我们的游戏和他们的游戏同步？

……

　　这样的思考成了课程开发的原动力，我们希望在和孩子相处的每一个日子里，有一套课程能够让"儿童"永远处于"游戏"的中心。这套课程既是一场关于理论的思考，更是一首关于"嘉峪关游戏"的歌。于是，我们便有了在美妙的教育世界里深度思考和不断行动的渴望，这些渴望让我们拥有更大勇气去面对当时的一切：破旧的园所环境、一个教室多个区角的杂乱、高控的老师、"不会"游戏的孩子、贫乏的游戏材料、局限的游戏空间、被固定划分成小块儿的游戏时间、不支持游戏的家长，这一切都让我们深感课程建设的必要性和紧迫性，也让我们意识到自己肩上的重任和使命。

　　道虽迩，不行不至；事虽小，不为不成。这份决心和信心成了课程建设不断推进的法宝，也慢慢地成了嘉峪关市第一幼儿园（以下简称"一幼"）DNA 中重要的组成元素。

　　2008 至 2009 年，我园陆续开发了三个园本课程："幼儿情绪""健康低碳（体育）""早期阅读"。"幼儿情绪"课程从取自嘉峪关地名的三只小动物嘉嘉（骆驼）、峪峪（兔子）、关关（刺猬）入手，通过它们的故事，让孩子认识情绪、了解情绪、与情绪和解；在"健康低碳"课程中，我们汇编了一本户外体育活动集，内容包括民间传统体育游戏、教师自创的轻型体育器械玩法，以及精选的幼儿体育参考用书中的活动；在"早期阅读"

课程中，尽管资金有限，但我园通过多种途径采购了新兴的绘本，订阅了《幼儿画报》等优质儿童读物，并鼓励孩子们互换图书。同时，我园还派遣教师前往发达地区和优秀园所学习早期阅读的先进做法。就这样，我们的课程探索之旅开始了。

2010 至 2011 年，我们开始改造班级空间，创新教室布局和区角活动，虽然条件有限，但为孩子们带来了许多快乐。2011 年 3 月，我参加了北京师范大学举办的全国幼儿园园长高级研修班，2012 年 10 月，《3~6 岁儿童学习与发展指南》发布。培训中，我深入了解了学前教育的新理念和实践经验，回来后结合实际情况，制定了我园五年发展规划，明确了发展愿景——"有创新教育特色的省级示范性及能服务本地区、辐射本地区、具有一定影响力的幼儿园"，办园理念——"让孩子纯真的心照亮我们，让理想的花朵绚丽绽放"，以及办园宗旨——"让孩子在适性扬才的活动中享受丰富的童年"，并提出了"三乐"（即乐活、乐教、乐学）教师和"三乐"（即乐想、乐问、乐动）幼儿的培养目标以及课程理念。

然而，由于幼儿园设施老旧、空间狭小，很多想法难以实施。幸运的是，2011 年底，嘉峪关市政府决定在原址上重建我们的幼儿园。2012 年 11 月，我们终于搬进了梦寐以求的新园所，有了更广阔的空间和现代化的设备，可以尽情实现我们的教育理想。

我们的课程经历了六个时期：

1. 构建期（2010 至 2012 年底）

这是区域活动的起始阶段，是"从破到立、从无到有"的阶段。从分组活动到区角活动，教师"生本位"的意识在慢慢建立。

2. 初创期（2013 年 3 月至 2014 年 7 月）

从"一抓"入手，即抓教师，主要通过"培训—问诊把脉—集体教研—转变观念—改变教育行为—转变思维方式—树立典型—建设示范区域"的模式，完成了两个改变：从一个教室多个区角，变为一个教室一个主题区域；从各班互不往来，到打破"闭境"状态，初具大教学观。

3.发展期（2014年9月至2015年7月）

这个阶段，我们做的工作是"二放"，即放幼儿、放老师，实现了从教师"四怕"到幼儿"四好"。没有放手就没有进步，当老师一点点放手，孩子身上的潜力和自律让老师惊讶，这也更加坚定了我们放开的决心。而老师在区域活动中大胆地放手，也让大家看到了"灵活"产生的力量。教师开始主动进行摸索和创新，逐步改变以往的高控制，勇敢尝试为幼儿提供更加自由、宽松的学习游戏环境，更加关注幼儿的自主性。"二放"放出了孩子的自主成长，放出了教师的创新，放出了师幼的共同发展。

4.成熟期（2015年9月至2017年3月）

这一阶段，区域活动逐步走向成熟，12个班12个主题，基本实现了主题区域活动课程化，实现了"三活"，即课程活、教师活、家长活，全园联动主题区域动态交流得以实现。

5.突破期（2017年3月至2020年3月）

2017年3月，基于嘉峪关在河西走廊的地理位置，以及前期课程实践碰到的问题、瓶颈，经过反复思考，我提出将"一带一路"元素融入主题探究活动课程，重新定位课程理念："以生为本，面向未来，源于生活，归于实践"，并提出了"立足本土文化，走进'一带一路'，树立民族自信，培养具有国际视野的中国儿童"的大课程目标。按照这个课程理念，我园重新规划了全园12个班级的主题，给孩子留出更加充分的活动空间，最大限度地优化了园内教育资源。也是在2017年，全国学前教育宣传月以"游戏，点亮快乐童年"为主题，助推了一场"把游戏的权利还给孩子"的改革。回顾这一路走来，我们一直在做的正是"把游戏的权利还给孩子"。所有游戏全部来自生活，来自幼儿身边正在发生的事情、正在体验的感受，老师们在生活中不断寻找教育契机，在孩子的兴趣点上因势利导，不断生成新的课程。

由此，老师们的游戏观、儿童观和课程观得以融会贯通，课程游戏化、游戏课程化的内涵深入人心，基本实现了我们对"主题区域自主探究活动课程"的最初愿景。自此，我们也进入了课程建设的"内涵期"。

6.内涵期（2017年至今）

在思考中追寻内涵、在创新中凸显内涵、在游戏中品味内涵、在"本土"中挖掘内涵。阅尽雄关，每一寸都是挚爱。嘉峪关犹如一座宝库、一本活教材，历史悠久的长城文化、精彩厚重的丝路故事、惟妙惟肖的魏晋墓壁画、享誉全国的紫轩葡萄酒、奶源优质的祁牧乳业、历久弥新的铁山精神……这些本身就是很好的课程资源，也是每一个嘉峪关儿童应该印刻在生命里的家乡印记。当它们融入游戏，当儿童和它们相遇，一个个精彩的课程故事便自然而然地发生了。于是，"课程""游戏""生活""儿童"之间有了越来越多的链接，也有了越来越紧密的关系。这些关系越过雄关，越出国门，走向世界；这些关系让我们的课程熠熠生辉，充满生命力，也对我们一直以来秉持的"游戏课程化，课程游戏化"理念进行了最好的诠释。

时间从来不语，却回答了所有的问题。十五年的时间，我们从课程中感受到了"适性扬才"的真正内涵，看到了每一个孩子被游戏滋养的幸福，获得了作为一名教师的纯粹和满足，顿悟了教育不需要站在儿童对立面的真谛，呵护了每一个孩子眼里的光，拥抱了童年本身的价值，给予了每一个孩子成为梦想家、探险家、行动家和创造家的机会，让这套课程的魅力自然散发。

当下，面对我国学前教育高质量发展的需要，梳理课程建设的思路，总结儿童和教师成长的过程，回看课程领导力的发生，思考课程建设的未来走向，对于嘉峪关学前教育的发展有着重要的现实意义。十几年来，我们边走边反思，边走边记录，将精彩的课程故事形成了上百本案例集，在梳理的过程中不断完善，不断实现实践和理论的双向提升。这本书是在上百本案例集后的一个大胆尝试，我们希望通过书籍的形式，呈现我们在课程建设方面做出的探索和尝试，共享我们在课程中的点滴做法和精彩故事，同时，也是一次精神内核的塑造。

本书一共挑选了 16 个课程案例，以课程故事的形式呈现给读者。这些课程故事真实地记录了发生在幼儿园里的教育情景，反映了流淌在教师和幼儿之间美好的师幼关系，有教师积极、乐观、愉快的情绪状态，有支持性的态度和行为，也有自信、从容、放心大胆表达真实情绪和不同观点的幼儿。同时，我们还根据《幼儿园保育教育质量评估指南》精神，不断完善自我评估，尝试探索"教师、家长、幼儿"三方评价。在每一个课程故事的"成长密码"中，我们看到的或是教师的自我反思和感悟，或是幼儿在游戏中的有感而发，抑或是家长被孩子的行动感染后的感动和思考，这些都让我们感受到教育最珍贵的价值，也让老师们有了蓬勃的内驱力。

在书中，你还可以看到课程如何在儿童的好奇中生发，可以看到教师如何在游戏中对儿童持续地供给，可以看到儿童选择的游戏如何充满了魔法、惊奇与不确定，也可以看到儿童的游戏期待被满足后的欣喜若狂和如获至宝。本书记录了真实发生在教师和儿童之间的课程故事的细节，正是这些弥足珍贵的细节，让每一个故事有了教育的温度，也正是这些细节，展现了教师在和儿童相处过程中的教育智慧和教育风度。

对于我们而言，这套书是一场"往回走"的旅程，它让我们回到课程改革的原点，回到课程初心开始的地方；也是一个让我们眺望未来、面向未来、创造未来的有力支点，它让我们看到"儿童"和"游戏"之间的更多可能性。

对于翻开这本书的读者而言，这本书可能是一个支架、一个故事、一把钥匙，抑或是一个窗口。借助这个支架，构建属于自己的课程体系；聆听这个故事，体会自己身边正在发生的互动；转动这把钥匙，打开关于课程建设的困惑和迷茫；透过这个窗口，眺望属于嘉峪关儿童的精彩游戏。

我们的文字未必能触及幼儿园里的每一个角落，未必能书写老师和孩子之间的每一个故事，但字里行间流露出的教育本真、教育温度、教育智慧和教育思考，也许会以另一种方式带你感受嘉峪关教育的美好。即便如此，教育依然没有统一的模样，不同的地域、不同的园所、不同的教师、不同的儿童，依然会生发不同的教育故事，我们都将在属于自己的教育故事中探寻、感受、成长、收获，也会在对未来的希冀中继续深耕、前行。

"人生百年，立于幼学。"梁启超先生的这八个大字是嘉峪关学前教育人内心温暖和奋斗的动力所在。"居之无倦，行之以忠。"无论时光如何流变，我们的初心永不改！未来，我们将继续以朴素的初心，坚定扎实地走向未来！

非常感谢一直以来大力支持嘉峪关市学前教育发展的市委、市政府领导！感谢相信我们、鼓励我们、支持我们的教育局领导！感谢姐妹园所、幼教同仁的帮助指导！感谢理解、追随我们的家长朋友们！感谢亲爱的孩子们，是你们纯粹的爱，让我们无所畏惧，坚定前行！

限于我们的认知和水平，本书的编写必定是不完善的，还存在疏漏和不尽如人意之处，敬请大家批评、指正。

张 芹

2024 年 3 月

序

二

共建"一带"，"一路"生花

有研究表明："孩子成长发育的三个黄金期分别是 0~3 岁情感培养的关键期、3~6 岁性格培养黄金期、6~12 岁能力培养关键期。"其中 3~6 岁是幼儿从家庭教育过渡到学前集体教育的阶段，在这一时段，他们会来到未知的环境，面对陌生的面孔，哭闹是不可避免的。但是，一幼的老师们却能在短时间内让孩子们适应新环境，克服分离焦虑，让他们很快融入新的集体。

依稀记得大宝刚入园时那种不舍和担忧，然而随着一幼科学合理的亲子活动，让第一次离开父母的幼儿从心理上接受幼儿园，接受老师，而且还对上幼儿园充满无限期待。在这三年的幼儿时光中，她接触和认识了形形色色的职业，并且在班级区域活动中亲身经历和体验。通过角色扮演的形式，她了解了每种职业的特征，了解了各行各业的属性，对职业有了初步的认识。

后来，一如既往的信任，我将二宝也送到一幼。随着一幼"一带一路"背景下主题区域游戏课程的不断完善和提升，加之"安吉游戏"的引入，让我对一幼的课程体系有了更深入的了解。最深刻的感受就是孩子独立实践的多了，教师和家长辅助参与的少了，而且体验参与式的区域活动，给孩子留下的印象十分深刻，即便课程结束很长时间了，当你问及相关话题时，依旧记忆犹新，讲得头头是道，活脱脱一个"解说家"。两个孩子先后进入一幼，从 2015 年到 2024 年，我一直都很关注一幼的发展变化，作为省级领航幼儿园创建单位，办园理念先进，课程设置科学，硬件设施完备，社会口碑优秀。从家长的视角，我将从以下三个方面为一幼代言。

深埋梦想的种子

每当参与完区域游戏课程，两个宝贝就会特别兴奋地与我们分享整个活动过程，医生、教师、警察、消防员、厨师、环卫工、挤奶工……主题区域体验式游戏，让孩子身临其境，同时在他们幼小的心里埋下了一颗梦想的种子，直至现在我的两个宝贝还十分坚定自己的梦想不动摇，一个想当人民教师，一个想成为人民警察。也许将来会有变化，但是他们在成长的过程中，在遇到困难和挫折的时候，相信他们依旧会满怀憧憬地逐梦前行，因为梦想的种子已经生根发芽。

插上隐形的翅膀

"一带一路"区域游戏课程不仅仅是简单的体验式参与，从课程的设计到准备都具有系统性和地域性。记得比较深刻的是关于"牛奶是怎么来的？"这个主题活动，前期利用周末，组织孩子们先参观了嘉峪关市祁牧乳业有限责任公司。在讲解员的带领下从饲养到牛奶生产过程，再到一些牛奶副产品的加工都进行了深入了解，让孩子们对牛奶的产生有了初步认识。之后返回幼儿园，孩子们又开始按照自己的兴趣爱好进行分工，有的负责喂养奶牛，有的负责挤奶，有的负责消毒，有的负责送奶，还有的把剩余的牛奶制成奶片。这一系列的操作结束之后，孩子们又一起进行了分享交流，表达自己的观点和看法，并用绘画的形式进行归纳、总结。整个过程使孩子们从小就认识每种职业的背后都要付出辛勤的劳动，世上没有不劳而获的事，为幼儿的成长插上了一双隐形的翅膀。

让教育回归绿色生态

相信很多幼儿家长都会或多或少被手工作业困扰过，小到手工画，大到模型制作，硬是把家长练成多面手。然而我的感受是：一幼的"一带一路"区域游戏课程，整个过程孩子是主导者，老师只是一个组织者，孩子们通过团队合作完成任务。也许成果没有那么耀眼，但这是3~6岁孩子最真实的水平。有时候一味追求视觉效果，很多环节都由成年人参与进来，作品虽品质高，展出效果也很好，但那些都是不真实的。我们呼吁教育要尊重规律，也要符合孩子的身心特点，让孩子真正成为独立的生命体，而不是成年人的提线木偶，让教育回归绿色生态。

教育是静待花开的过程，每个孩子的花期不同。在一幼，有这样一群人，为了一个目标，为了千千万万幼儿的健康成长，精心设计，辛勤耕耘，共建"一带一路"区域游戏课程，虽一路艰辛，但一路生花。

2021级绿海星班蔡峻宇的妈妈　陈彦汝

目 录

丝绸之路奇遇记

——嗨！长城

当童年与长城故事撞个满怀，每一位宝贝都将为你代言……

故事里的故事 📍

"故事里的故事"活动开始了，我和孩子们一起聊着关于故事里的那些事。有的小朋友说他的故事是看电影知道的，有的说他的故事是从绘本里了解的，还有的小朋友说他的故事就是身边发生的事……

丫丫："我喜欢听老师讲的故事，感觉每个老师都是讲故事的高手，能把故事讲得特别有意思。"

嘟嘟："我妈妈喜欢看电影，她说每一部电影就是一个故事。"

琪琪："老师，我知道皮影戏就是中国最早的电影，人们以前就是通过看皮影才知道很多故事的。"

多多："我奶奶也会给我讲一些她小时候和爸爸小时候的故事，还有我小时候的故事，我发现我们的故事都不一样，不过还都挺有趣的。"

一一："假期，我、妈妈，还有姐姐去兰州旅游，我们去看了中山桥、黄河，还吃了牛肉面……"

汐汐："我知道一个关于嘉峪关的故事，嘉峪关城楼里有一块石头，你用小石头敲它，就会发出'啾啾'的声音……"

小朋友们激动地大喊："我也知道这个石头，我也知道，我也见过。"

每个小朋友都激动地分享着"我和嘉峪关城楼"的故事，还有那个特别的石头。

老师："那你们知道关于这个石头的故事叫什么名字吗？"

多多："那只是一个传说，不是真的事情。"

老师："没错，这的确是一个传说，它的名字叫'击石燕鸣'。关于嘉峪关长城其实还流传着许多有趣的故事，你们知道吗？"

于是，关于嘉峪关长城的故事就这样开始了……

我眼中的长城 📍

入园时，琪琪小朋友带来了她参观长城的照片。她说："老师，昨晚回家，我和爸爸妈妈一起聊天，知道了很多关于长城的秘密。今天，我能和小朋友们分享吗？"

老师："那太好了，期待你的分享！"

早餐结束后，我决定立刻满足琪琪的愿望。她给大家讲了很多嘉峪关长城的秘密，小朋友们越听越激动，都想来分享。于是，我们在家长群发起了"我和嘉峪关城楼的故事"照片征集令，收集小朋友去长城游玩的照片，然后将照片投放到一体机上，每一张照片都勾起了小朋友们的回忆。

知知："我觉得长城上面的风景很美，有骆驼，站在城墙上能看到远处白白的雪山。"

一一："长城好像离我们很远很远，感觉很旧的样子，尤其是那里的房子，和我们住得不太一样。"

政政："爸爸说古时候的长城是用来打仗的。"

九儿："我在里面的一个空地上看到了几门大炮，它们是用来打仗的吗？"

多多："长城是中国的一个伟大建筑，我之前看过一个绘本故事，就是关于长城的。"

随着小朋友们的讨论，大家对长城的认识和了解越来越多。

萌萌："老师，长城是弯弯曲曲的，而且很长很长，我可以把它画出

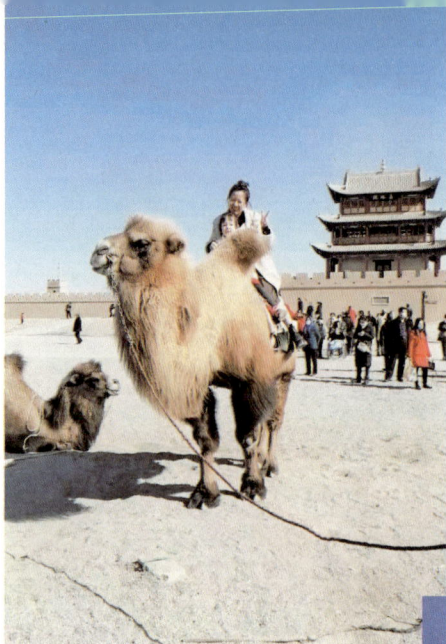

来。"

就这样，小朋友们从"聊"到"画"，他们用画笔表达着对长城的认识……

安安："我画了很多气球，小朋友们可以在这里快乐地做游戏。"

岚岚："我想在城楼下面种很多漂亮的花，旅游的人看到一定会觉得长城很美，喜欢上嘉峪关这个城市。"

静静："城墙后面有隐蔽通道，如果被敌人发现了，可以悄悄钻进去。"

政政："长城里面有很多洞，可以隐藏起来，敌人看不见。"

我画的是在山里盘旋的长城。

我和好朋友一起沿着楼梯去万里长城上玩！

成长密码

　　亲身经历过的总能够让人记忆犹新，或是说，或是画，抑或是演，都是小朋友们表达的一种方式。虽然他们的作品不能与"高超完美"画等号，但他们的游戏过程充满乐趣与想象。

（董行老师）

当长城遇上数字 📍

第二天，区域游戏时间到了，几个小朋友在探索数字王国，没想到长城里的数字又一次让他们变成了"问题小孩"。

琪琪："老师，长城上有数字吗？"

多多："没有，长城上是砖块！"

一一立刻大叫："谁说的，长城的长度不是数字吗？"

浩哲："是呀，长城有多长，我们就要用数字来表示，这不就是数字吗？"

嘉怡："那你们谁知道长城到底有多长呢？"

此时没有小朋友能够说出答案。老师接着问："有什么办法能够知道长城有多长呢？"小朋友们争先恐后地说："看书、上网查一下、我们去城楼看一下……"

没错，在小朋友们的眼里，办法总比问题多。很快，我们就通过观看一段视频找到了答案。小朋友们知道了长城的长度大约有21000千米，平均高度是7米。

优优："长城是我们中国古时候的人建造的。"

一一："到底有多久呢？"

佳佳："反正就是古时候，我们还没有出生的时候。"

泽泽："长城到底比我们小朋友大多少岁呢？"

政政："我们首先要知道自己是哪一年出生的，现在几岁了，还要知道长城是哪一年盖好的，长城几岁了。"

　　他的想法很快得到了同伴的认可，于是，小朋友们开启了关于自己出生年月以及年龄的"大调查"。他们惊奇地发现，班里每个小朋友的生日都不太一样，但是年却有相同的。于是，小朋友们决定将自己的生日用日历的方式进行记录，看一看会有什么新的发现。接下来的几天，小朋友们变身"数字达人"，开始寻找身边各处的数字，教室、马路、小区、超市……不放过任何一个角落。

　　他们发现：衣柜、鞋柜上的数字代表学号，可以帮助我们更快找到自己的物品；钟表上的数字表示时间，能够让我们知道现在该做什么；玩具上的数字可以让我们知道怎么玩……

我找到的数字是游戏规则中的序号。

我找到的数字是毛巾挂钩上的学号。

我找到的数字是钟表上的时间。

成长密码

　　以前觉得孩子的学习只在书本上、幼儿园，没想到真正的学习无处不在。孩子回家后不放过任何一个和数字有关的信息，从未见到孩子如此执着于一件事情，或许这就是孩子最好的学习方式，只要将其巧妙"激活"，我们家长要做的就是无条件地陪伴与支持。

（九儿妈妈）

建造长城博物馆 📍

周末，又有小朋友去了长城，他们有了新的发现。

佳佳："老师，那么高的长城上面有人住吗？我发现长城里面房子很少，墙很多。"

于是，小朋友们决定继续寻找答案。经过问卷调查，小朋友们有了答案，同时新的问题也随之而来……

九儿："长城上面除了城墙，还有烽火台。那时候没有电话，有危险的时候，他们就在烽火台点火，传递信息。"

琪琪："长城上没有钉子，全部是用土做的，这个土里面要加草才能更加结实。还有一个关于造长城的故事，叫《孟姜女哭长城》，在方特二期就能看到。"

一一："长城其实特别长，我们看到的只是一部分，嘉峪关是长城的最西端，北京也有长城，妈妈说和我们这儿的不一样，假期她带我去看。"

老师："那我们可要做好约定，假期你去看完，回来记得分享给我们。"

一涵："老师，我们可以自己造长城吗？"

老师："当然没问题，那你们打算怎么造呢？"

小朋友们叽叽喳喳地讨论起来，看得出来，他们对"修长城"这件事情很期待。

周周："咱们自己班的搭建区不是有很多材料吗？就用那些。之前，我们还学了很多搭建的方法：平铺、搭堆叠、围合、垒高、连接，还有……"

小朋友们的世界真的无所不能，任何一种材料经过他们的奇思妙想都可以成为长城的一部分，就这样，整个早晨小朋友们都沉浸其中。突然，玥玥说："老师，我可以装饰一下我的长城吗？嘉峪关的长城里面树很少，只有骆驼，没有其他小动物。"

老师："当然可以，这个想法真不错。"

小朋友们一听玥玥的想法，也参与了进来，他们分工合作，有的搭、有的捏、有的画、有的粘。

多多："老师，我搭的烽火台和别的部分连不起来。"

嘉怡："老师，我想让长城更长，可是材料不够，地方也有些小。"

嘉宝："老师，我想让烽火台更高，这样就可以看得更远，但是，它总是倒，为什么？"

问题再多，也无法阻挡小朋友们搭建的热情，思考、尝试、与同伴商量，小朋友们的长城搭建好了，一一大叫道："看，我们班变成长城博物馆了。"

成长密码

　　小朋友能根据自己的计划不断地尝试与解决问题，一次次地与同伴沟通，找不同的替代材料，能不受干扰地做自己的事……会与不会、好与不好，不应该是老师评价游戏的唯一标准。幼儿的游戏过程"是否全力以赴""是否获得足够的满足"才应该是我们观察、评价幼儿的重要内容。

（王丽娟老师）

当皮影戏遇见长城里的故事 📍

午睡起床，朵朵给大家分享了《击石燕鸣》的故事，小朋友们听得津津有味。

子涵："这么有趣的故事，如果把它分享给更多的小朋友，那该多好。"

宇浩："要是能拍成电影，就能让更多人看到了，真想看看当时那两只燕子到底遇到了什么。"

琪琪："我们班不是有皮影吗？我们自己演这个故事，邀请其他班的小朋友来观看。"

老师："真是个好主意。那我们需要准备什么呢？"

小朋友们三五成群地商议起来，最终，他们为自己分配了合适的任务，"击石燕鸣"皮影戏工作组正式成立了。

小朋友们开始准备画故事里的主角"燕子"，可是却不知道如何下笔。关于燕子的大调查就此拉开序幕，无论是歌曲、故事、古诗，还是谜语，总能让小朋友们有所发现。

佳佳："小燕子，穿花衣，年年春天来这里。老师，我知道燕子的肚子是白色的，背是黑色的，而且春天它才会飞回来，因为冬天它要去南方过冬，北方太冷了。"

优优："老师，我知道燕子是用泥来盖房子的，这个房子还会安在人住的地方，奶奶家的院子里就有。"

琪琪："燕子的尾巴很特别，像剪刀一样，之前我在书上看到过，它可以帮助燕子保持平衡。"

嘉怡："爸爸说如果要下雨，燕子就会飞得很低，不知道是为什么，感觉好奇怪。"

关于燕子的秘密被小朋友们一个个解开，越来越多的主题活动也随之而来："动物的变化 VS 天气的变化""古诗词中的燕子""我给燕子造个家"等。

成长密码

　　"击石燕鸣"的活动让孩子们不仅对燕子产生了浓厚的兴趣，甚至还学会了举一反三，主动地关注身边其他动物。芯芯每天从幼儿园回来，都会叽叽喳喳地和我们分享她的收获，我能感觉到，我的孩子在慢慢变得主动，有好奇心，这是一个很好的开始。

（芯芯妈妈）

了不起的中国 📍

故事分享时间到了，一一宝贝今天分享的故事是《了不起的中国》，小朋友们听得津津有味，故事结束了，他们的讨论却才正式开始。

琪琪："刚才故事里说长城很了不起，说的就是嘉峪关长城吧？"

佳佳："没错，这个长城很厉害，之前搭建的时候我们就观察了，没有一个钉子，还能这么结实。"

玉儿："我觉得烽火台很厉害，古时候的人真聪明。"

子涵："中国有很多了不起的地方，刚才一一讲的故事里说到了造纸术和火药。"

一一："古代的时候，外国人很喜欢中国的丝绸，还有瓷器，于是，就通过丝绸之路给他们送过去进行交换。"

老师："你们知道现在的中国有哪些了不起的地方吗？"

嘉怡："我知道中国有很多城市，每个城市都有像嘉峪关长城一样厉害的东西。"

子墨："火箭，中国空间站很了不起，宇航员还能在上面做实验、种菜。"

思琪："中国的高铁跑得很快，中国人还能帮其他国家建高铁。"

随着小朋友们你一言我一语地说着自己的所见所闻，我请他们用自己喜欢的方式把自己的发现记录下来，然后与其他小朋友一起分享他们眼中"了不起的中国"。

小朋友们总能带给我无限惊喜，他们在绘本中了解到了中国的建筑、剪纸、草药和茶文化等元素。我抓住这个机会，让每个小朋友用一句话来表达自己对祖国的爱。我将他们的话记录下来，就这样，一首献给祖国的赞歌诞生了！

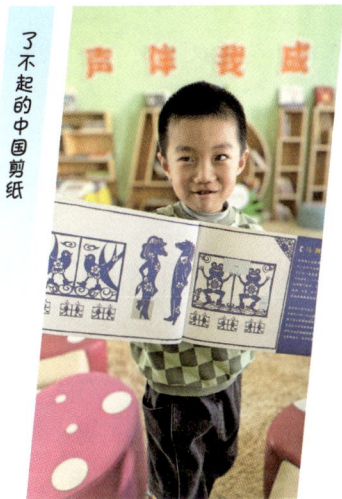
了不起的中国剪纸

了不起的中国中草药

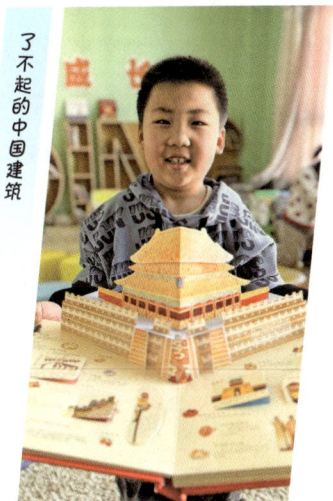
了不起的中国建筑

了不起的中国茶文化

成长密码

了不起的中国

中国的瓷器很了不起，它通过丝绸之路到达世界的各个国家。

中国的剪纸很了不起，竟然用剪刀变出生活中的每一样东西。

中国的高铁很了不起，它能又快又安全地送我去想去的城市。

中国的茶文化了不起，竟然能用小树叶变出各种好喝的味道。

中国的建筑了不起，漂亮又坚固，经过了几千年都不会倒塌。

中国的美食很了不起，每天吃一样，一年都不会重复。

中国的中药很了不起，各种花花草草竟然能赶走病毒。

中国的扎染很了不起，用两种颜色就能染出各种好看的图案。

中国的航天技术很了不起，航天员在太空中能给我们做实验。

中国的丝绸、戏曲、长城、长江、黄河、三峡大坝……还有很多很多了不起的地方。

一想到中国，我的心里就暖暖的、甜甜的，

它就像我们的妈妈一样厉害，什么都会做，还很爱我们。

（蓝月亮班全体小朋友）

酒钢，我为你骄傲

我的家乡有个"大怪物"，虽然它每天都会吐黑色的烟圈，但我还是很爱它，我不会离开它。

我爱的"黑色大怪物" 📍

九月的一天，小朋友们在教室里画画，这时，兜兜看着窗外说："老师，为什么天空会这么蓝呢？"小朋友们都停下手里的画笔，看着窗外的蓝天，叽叽喳喳地讨论了起来。

晨晨说："因为天空心情好的时候就会是蓝色的，心情不好就会变成灰色或者黑色的！"

馨怡说："因为天空喜欢穿蓝色的裙子吧！"

承朗说："是因为现在大家都爱护环境，天空才会变蓝的。"这时，子涵一边点头，一边说："我觉得承朗说得对！我听妈妈说，以前的嘉峪关，环境可不好了呢！"小朋友们听完以后，有点不太相信子涵说的话，于是来问我是不是真的。

随着小朋友们的问题，我想到了自己小时候的嘉峪关，三十年的时间，我的家乡确实发生了很大变化。于是，我向小朋友们讲起了家乡的变化，这些变化都来源于嘉峪关的一个很厉害的工厂，小朋友们齐声喊出："酒！钢！"

于是，关于酒钢的大讨论就这样开始了：

博源："我叔叔就在酒钢工作，我听他说了，酒钢是一座无敌大的工厂。"

润峰："我爸爸就在那里工作，他每天穿着蓝色的衣服去上班。"

悦悦："我家就在酒钢工厂的对面，它有好多的大烟囱，每天冒着白色的烟雾。"

妙妙："从我家也能看到这些烟雾。"

小朋友们讨论得热火朝天，不断地和伙伴们分享着自己听过和见过的关于酒钢工厂的一切。

这时，昱昕兴奋地说道："你们的爸爸妈妈怎么都在酒钢工作啊，那你们一定知道酒钢好多有趣的故事。我看到那里有很多的大烟囱，感觉是个神秘的地方。"

月月："没错没错，工厂的大烟囱里会有很多的烟，有时候我看到的是黑色的，有时候是白色的，很神奇。"

润峰："昱昕，我可以让爸爸带你一起去酒钢上班，这样，你就能看到酒钢究竟有多神秘了。"

就在这时，诚诚说："我可以把酒钢画下来给昱昕看，我去过那里。"

小朋友们一听，都觉得这是个好主意，纷纷参与了进来。说干就干，铺报纸的铺报纸，拿彩笔的拿彩笔，他们在班级的材料库中认真地选择起来：各种各样的纸、松塔、树叶、磁带、画架、颜料……

小朋友们的创作就这样开始了，有的用水彩笔和卡纸，有的用油画棒和 A4 纸。但是，最后的效果似乎都不理想："为什么我的大烟囱一点都不好看呢？"就在这时，博源拿起了他的作品，是报纸和油画棒的双重结合！博源只用了黑灰色来强调画面中的烟囱和烟雾，小朋友们情不自禁地鼓起了掌。

大家纷纷开始拿起报纸和油画棒，画出了他们心中的酒钢工厂。

创作结束后，小朋友们迫不及待地想要介绍自己的作品，于是，"酒钢工厂作品发布会"火热召开了，小朋友们纷纷分享着自己的作品：

小雨："为什么会用黑色和灰色来画酒钢呢？那可是'大怪物'的颜色。"

兜兜："因为我觉得黑色的烟又臭又丑，让大家明白，放这种臭烟是错误的，我们都喜欢蓝蓝的天空。"

苗苗："你为什么会在这里用黄色？"

萱萱："因为炼铁厂里面冒出来的烟是黄色的。"

……

一件工作服 📍

回到家，小朋友们和家人也开始了一场关于酒钢工厂的大讨论。第二天晨间，浩浩说："老师，我的爸爸就在酒钢工厂工作，我昨天还看见他穿的工作服，就是蓝色的那种。"于是，我在班级群里向家长征集了一套酒钢的工作服，便于小朋友们近距离观察。第二天，我和小朋友们一起制订了"酒钢服装大调查问卷"，让他们主动去了解酒钢工人的服饰是什么样，劳保用具有哪些、作用是什么。

琪琪："我见过酒钢的叔叔阿姨经常穿着蓝色或橘红色的衣服，穿蓝色衣服的人最多。"

妍妍："我知道他们每天上班都要戴帽子，那个帽子叫安全帽。帽子有很多颜色，有红色、蓝色、黄色、白色，我爸爸戴的是蓝色的帽子。"

小峰："工人上班还要戴手套，老师给我们看过不同的手套，有的手套特别大，有的手套比较小，有的手套厚厚的、硬硬的，有的手套是四个指头合在一起的，他们戴手套是为了防止手受伤。"

安琪："我见过他们上班要穿的鞋子也和我们穿的鞋子不一样。他们的鞋子特别重、特别大，是黑色的，走起路来特别的响，那样是为了保护脚不受伤。"

思妍："工人们穿的衣服的领子和其他衣服的领子也是不一样的，它不是圆圆的，而是像三角形一样立起来的。"

小朋友们从熟悉的酒钢服装开始制作，从衣领到酒钢工厂的标志，再到袖子上的反光条，每一个点都被小朋友们细心地复刻出来。不同的衣领

和样式代表不同的工种，每个酒钢工人胸前都会有自己的单位和姓名。在小朋友们的商讨下，发现酒钢工作服因为季节的不同，用的面料也不同，夏装和冬装在颜色上是有区别的。检修公司的工作服是红色的，炉前工等靠近高温冶炼的工作服是蓝色的阻燃服，是很厚的；鞋子也有绝缘鞋和防砸鞋子；头盔也有蓝色、红色和黄色的区分，真的是多种多样。看来，我们酒钢的工作服种类真的有很多，小朋友们在探讨中对自己要设计的酒钢工作服有了初步的想象，一场"酒钢工作服装展"就此拉开了序幕。

酒钢的好朋友——塞尔维亚钢厂 📍

在了解酒钢的过程中，我向小朋友们介绍了"一带一路"上的国家塞尔维亚的一座钢厂："这是酒钢的一个好朋友，它在发展的过程中经历了好几次危机，情况很不好，于是，中国给予了他们很多帮助。"小朋友们听着我的介绍又产生了很多新的问题。

嘉荣："老师，那里的小朋友，他们的爸爸妈妈也会在这个工厂上班吗？"

洛与："我们中国真厉害，给了他们这么多帮助，如果我们多帮助别人，别人也会帮助我们的。"

天宇："老师，我们还可以做什么呢？"

天天："我们也可以帮他们设计工作服啊。"

接着，小朋友们在观察、对比的过程中，开始了他们的设计，他们说一定要设计适合塞尔维亚工人的衣服。

俞萱："塞尔维亚钢厂工人的服装是橘黄色的，他们也应该戴上安全帽、防护镜和厚厚的手套，这样才能保证安全。"

子轩："他们的工作服也应该有反光条，这样他们在晚上工作的时候别人就能看到他们。"

依城："我觉得他们还要戴上口罩，这样会防止吸入有毒的气体。"

母潇："我设计的服装有蓝色的帽子、橘色的衣服、黑色的厚厚的鞋、灰色手套，还有一个大大的眼镜。"

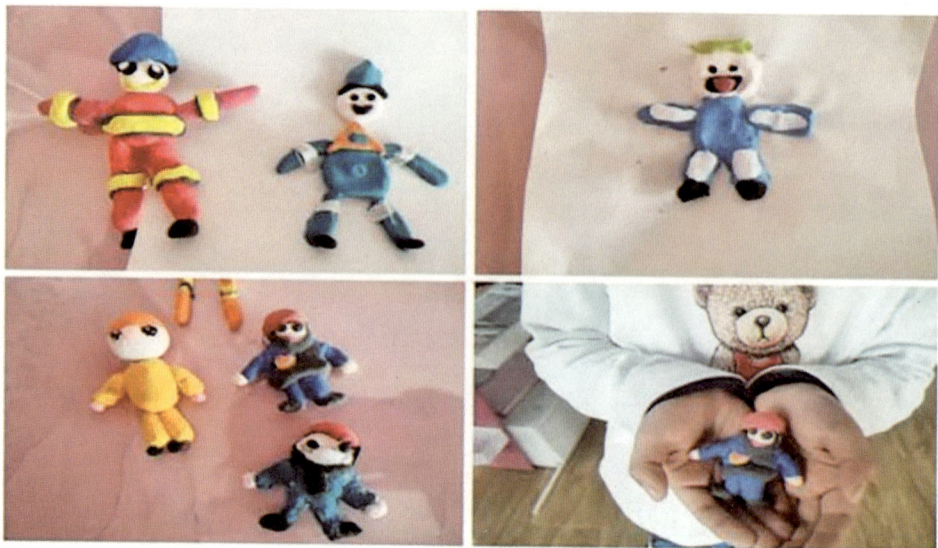

　　这时，子君忽然说："老师，我们除了设计工作服，还可以给他们设计一个工厂里的家。他们可以在里面上班，也可以在里面睡觉，还可以在这里购买工作用品和生活用品。"

　　她的想法瞬间让小朋友们欢呼起来，大家迫不及待地开始商量工人之家的设计。

　　昱堃："我想在这里面建一个大大的超市，他们可以买吃的、喝的，还可以买工作用品。"

　　奕辰："我们可以在工厂里建一个大大的厂房，旁边有一条小路通向他们休息的地方。"

　　川川："我想在里面建很多五颜六色的小房子。"

　　经过小朋友们的讨论和操作，不久后，一座新型有爱的工厂就建好了，小朋友们在互相帮助的同时，也传递了爱。

成长密码

　　课程内容聚焦儿童熟悉的酒钢工厂，在儿童的需要、兴趣、潜能可能得到充分发挥的世界里，教师分别给予他们有层次性的支架，关注到了环境资源和幼儿发展的变化，动态调整了有关内容、支架策略和观察要点。

　　究其内在，每一个儿童对课程的内容和生活经验都有不同。从育人来看，生活活动是丰富而复杂的，儿童实际生活的复杂性不是环境和物体的属性，而是思想和事件之间的关系。老师们在活动中动态地、多维地、立体地和小朋友们进行家乡工厂的初探，其中不仅对小朋友们的观察力、创造力有所提升，更多的是让他们更加热爱我们生活的这座城市，也让他们看到生活中更多有意义的事情。

　　　　　　　　　　　　　　　　　　　　（孙晓云园长）

紫轩葡萄酒展销会

打开门，推开窗，处处是风景，
处处是课程，只因我相信每个孩子都
是独一无二且具有无限可能的……

一句广告词引发的 📍

糖糖："烤羊肉串喽，烤羊肉串喽，新疆的羊肉串又大又香，不好吃不要钱，快来买啊……"

糖糖小朋友的一声吆喝，瞬间吸引了好几名"小游客"，"我要一串""我也要一串"……随着吆喝声不断，买羊肉串的"小游客"也越来越多。就在这时，硕硕说："糖糖，你的广告词不对，烤羊肉串不是新疆的美食，是嘉峪关的美食，我爸爸经常带我去吃羊肉串，在羊肉串店里的屏幕上就介绍烤羊肉串是嘉峪关的美食。"

糖糖："真的吗？烤羊肉串是嘉峪关的美食？那我就把广告词改成烤羊肉串喽，烤羊肉串喽，嘉峪关的羊肉串又大又香，不好吃不要钱，快来买啊……"

阳阳："我最喜欢吃烤羊肉串了，原来这是嘉峪关的美食啊。那嘉峪关还有哪些好吃的？"

周围的"小游客"纷纷说起

来……

丫丫："是大西瓜，嘉峪关野麻湾的大西瓜非常甜。"

熙熙："是酿皮。"

小米粒："是紫轩葡萄酒，我爸爸就在紫轩葡萄酒庄园上班，我经常去葡萄酒窖玩。酒窖很大，有很多葡萄酒，还有葡萄种植园，我还品尝过葡萄果汁呢。"

好好："是火锅。"

特特："才不是火锅，火锅是重庆的美食，我妈妈带我去重庆玩的时候，满大街都是火锅，辣得我满头大汗。"

丫丫："是幼儿园的鸡汤煳锅呢！"

米奇："不是不是……"

糖糖："哎呀，老师，快帮帮我们吧，嘉峪关的特产美食到底是什么呀？"

老师："我们的家乡嘉峪关，不仅有了不起的关城，号称'天下第一雄关'，也有很多的特产美食。你们刚才说的这些食物都是美食，但有的美食确实不是嘉峪关的特产。"

暖暖急着问："哪种美食不是？"

老师："想一想，有什么办法可以了解嘉峪关的美食有哪些呢？"

看见小朋友们着急的样子，我请他们带着问题，用自己喜欢的方式去搜集家乡特产美食的相关信息。第二天下午游戏时，许多小朋友都在交流搜集的相关信息，于是我趁热打铁，请小朋友们进行分享。

小米粒录下了去爸爸单位参观的视频，分享给小朋友们，当小朋友们看到"紫轩葡萄酒窖"的时候，不由得发出了"哇"的赞赏。

糖糖："小米粒，好羡慕你爸爸在这里工作，你还去过酒窖，我从来都没有去过。"其他的小朋友也纷纷说："我也没有去过。"小米粒说："我回家问问爸爸，可不可以带你们也去参观……"

有了小米粒爸爸的助力，小朋友们的愿望达成了。于是，一场关于"'葡'气满满"的亲子研学之旅开始了。

"妈妈，这么多的大木桶里面装的全都是葡萄酒吗？"

"导游阿姨，葡萄是怎么变成葡萄酒的？"

"妈妈，我们回家可以用榨汁机把葡萄打碎，制作葡萄酒吗？就像上次你用榨汁机把橙子打碎喝橙汁一样？"

"爸爸，葡萄酒是不是也是健康的酒？"

"老师，刚才妈妈带我去品尝了一下葡萄汁，很好喝！"

成长密码

生动的教育地点是"现场"。周六下午，小朋友们走进嘉峪关紫轩葡萄酒庄园，开启了研学探秘之旅。开阔眼界，启迪智慧，在实践中增长知识，实践是小朋友们最广阔的课堂。

（何丽莎老师）

这个酒窖好大啊，这里有特别多的大酒桶，看着很有意思，排列得都很整齐，像一个魔法城堡！

（王雨诺小朋友）

初具规模 📍

周末过后的星期一，小朋友们依然沉浸在参观葡萄酒庄园的话题中。

豆豆："我们家的架子上有两瓶我在酒窖里看到的葡萄酒，以前我都不认识它，现在我知道这就是葡萄酒！"

妍妍："我回家就和妈妈一起尝试用榨汁机，真的榨出了葡萄汁！"

雯雯："我们要不要在美食区开展一个紫轩葡萄酒的活动，吸引更多的'小游客'来我们班购物！"

小朋友们举手赞成。我趁机引导："既然要开展紫轩葡萄酒活动，需要准备哪些材料呢？"

小朋友们回忆着、讨论着，把需要的材料画成了思维导图。第二天，小朋友们根据思维导图的材料清单，从家里带来了各种各样的材料。

老师："你们带来了这么多的材料，把它们堆在桌子上，好乱啊，而且我不知道这些材料有什么作用。小朋友，你们有什么好办法既让它们发挥作用，还可以让桌子不太乱呢？"

楠楠："老师，要不然我们在教室里布置一个葡萄酒展台吧，就像我们之前布置的烤羊肉串的展台一样！"

于是，小朋友们把带来的所有关于紫轩葡萄酒的材料按照种类进行分类，开始布置葡萄酒展示台。展台布置好之后，小朋友们开始相互分享自己带来的材料名称和作用。

你好，紫轩葡萄酒 📍

老师："展台布置好了，但是我们缺了一种最关键的食材。请你们观察，缺少的关键食材是什么？"

咕咚："天啊，我们没有葡萄酒，只有几个空瓶子！"

沐沐："小孩子不能喝葡萄酒！"

老师："你说得很对，那我们应该怎么办？"

小朋友们在老师的问题中开始热烈地讨论，有的小朋友说用水代替葡萄酒，有的小朋友说用果汁代替，有的小朋友说把葡萄碾碎……

小叮当："我去参观紫轩葡萄酒窖，里面有小朋友可以品尝的葡萄汁，我也品尝了，我们就用葡萄汁代替葡萄酒！"

老师："葡萄是怎么变成葡萄汁的呢？"

随后，我播放了周末妍妍小朋友和妈妈在家录制的葡萄变成葡萄汁的视频，让小朋友们观看，并请妍妍介绍了"葡萄变身"的过程和方法。随

后，在区域游戏的一段时间内，小朋友们就在美食区域开启了一场"采摘→去梗→清洗→剔籽→去皮→搅拌→过滤→装罐"的葡萄变身游戏！

成长密码

上周末，我有幸带着妍妍参观了紫轩葡萄酒庄。回家后，我们体验了亲手制作葡萄汁的乐趣。今天，我想与大家分享这个特别的经历，并一同感受葡萄如何变成美味的葡萄汁。在酒庄里，我们亲眼见证了葡萄从采摘到压榨成汁的过程，每个步骤都凝聚了匠人们的智慧和汗水。回家后，妍妍迫不及待地想要尝试制作葡萄汁。于是，我们按照酒庄师傅的指导，一步一步地完成了去梗、清洗、剔籽、去皮、搅拌、过滤和装罐的过程。看着手中的葡萄慢慢变成清爽的葡萄汁，妍妍的脸上露出了得意的笑容。今天，我把这段珍贵的经历带到了班级里，通过投屏展示妍妍制作葡萄汁的视频，让小朋友们直观地了解葡萄汁的制作过程。在区域游戏时间，妍妍也兴致勃勃地参与了制作葡萄汁的游戏，亲身体验了采摘和压榨的乐趣。

这次活动不仅让小朋友们学到了葡萄汁的制作方法，更让他们在游戏中感受到劳动的快乐和成果的甜美。我相信，这样的体验将会成为他们成长过程中难忘的回忆和宝贵的经验。

（妍妍妈妈）

问题大爆炸 📍

关于葡萄酒展销会，我并没有给小朋友们设定怎么开展，目的是想让他们自己发现问题、解决问题。果然，游戏进行得并不顺利，接二连三地发生小状况，前来寻求帮助的小朋友也越来越多。

老师："小朋友，你们都遇到了哪些问题？我们一起来想一想，这些问题到底应该怎么解决呢？"

糖糖："老师，我们的葡萄酒汁太少了，不够卖，怎么办？"

丫丫："我们可以多制作一些。"

沐沐："老师，彤彤刚才明明是客人，但是现在她不当客人，她要去制作葡萄酒汁，我没有客人了。"

妍妍："我们可以分工啊。"

六六："老师，虎虎戴着耳麦，他明明是宣传员，可是他不宣传，跑去甜品区了。"

小米粒："我声音大，我来宣传。"

晨晨："老师，我的搭档一会儿扮演推销员，一会儿扮演导购，一会儿扮演游客，把我搞得晕头转向。"

暖暖："我们应该制定规则，就像我们之前玩的游戏一样。"

接下来，小朋友们根据自己的喜好和特长选择自己喜欢的工作，但是问题又来了，很多小朋友都想去制作葡萄酒汁。

老师："小朋友们都想去制作葡萄酒汁，那么，其他工作就没有人做了，游戏还是开展不下去，应该怎么办呢？不如我们来一场岗位应聘吧，请你们根据自己的优点，说出应聘的理由，帮助自己找到合适的游戏角色。"

虎虎："我的本领是跑来跑去，我可以像幼儿园的保安爷爷一样，让大家排好队！"

航航："我假期学会跳'科目三'了，可以在客人吃饭的时候表演。"

茹茹："我擦桌子很干净，我当服务员！"

轩轩："我会骑马。"

我会擦桌子

我会跳《科目三》

我会骑马

我来应聘了 📍

　　为了在游戏中获得心仪的角色，小朋友们立刻就开始准备，他们需要向"人事部经理"极力地推荐自己。如果人事部经理觉得这名应聘者可以担任此项工作，就会给他发一张选区卡，小朋友将卡片戴在脖子上，这样就算是应聘成功。

　　畅畅应聘者："我想去宣传部，宣传葡萄酒汁。"

　　淘宝经理："那你都有什么本领？"

　　畅畅应聘者："我会宣传。我昨晚在家练习过，我的声音大，顾客都能听见，我还会跳舞，可以吸引游客。"

　　淘宝经理："你说两句，我听听！"

　　畅畅应聘者："大家都来看看，这是我们嘉峪关的特产——紫轩葡萄酒汁。各位顾客都来尝一尝，一点都不酸，很好喝。"

　　淘宝经理："那好吧，今天这个宣传的工作就给你了。"

……

就这样，岗位应聘游戏在热火朝天地进行着，小朋友们自信地介绍着自己的特长。岗位竞聘结束后，"经理"结合"应聘者"的个人简历和现场表现确定工作人选。最终，幼儿根据自己喜欢的工作，在教师引导下，设立了策划部、宣传部、生产部和销售部，通过划分身份、明确任务等方式来解决实际问题，让游戏继续生发、生长。

成长密码

我今天特别开心，开心得就像出去旅游一样，因为我今天当经理啦，小朋友都要在我这里找工作，然后说出他们自己的优点，让我选择。我很好的朋友也来我这里找工作，我不能偏心，要公正！

（淘宝经理扮演者）

为紫轩葡萄酒设计商标 📍

活动继续进行着，在"宣传部"游戏的小朋友们有了一些新想法，他们想给紫轩葡萄酒设计商标。

沐沐："我有一个好想法，宣传部的小朋友想要给葡萄酒设计一个标志，就像我们班门框上的标志一样，一看就知道是黄豆豆班的。"

老师："哇，这个想法实在是太好了，你们有什么需要我帮助的吗？"

蛋蛋："我们不知道做什么样的商品标志好。"

虎虎："什么是商品标志？"

纤纤："标志就是画个葡萄。"

米米："不行，不能画个葡萄，如果画葡萄，小朋友会以为我们是卖葡萄的。"

基于小朋友们对"商品标志"的经验和认知不足，但是又想设计的现状，我们决定开展一场"商品标志"的游戏。原来在我们生活中，到处都有商品标志。通过寻找各种各样的商品标志，小朋友对商品标志的知识有了初步的了解。

虎虎："现在，我知道什么是商品标志了，就是我看见它，就知道它是什么牌子。"

硕硕："商品上面不仅有图画，还有文字和数字。"

小米粒："爸爸告诉我，不可以乱用别人的商品标志，不然就会违法

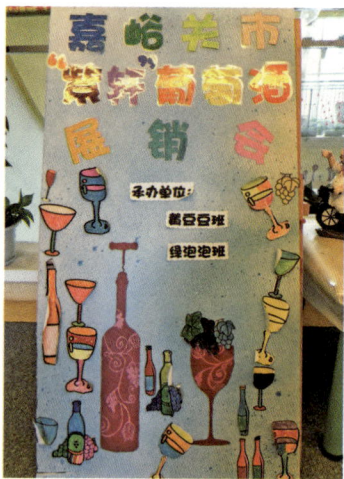

呢，反正就是很严重。"

老师："那么，我们的紫轩葡萄酒可以设计什么样的商品标志呢？"

糖糖："我想要画一串大大的葡萄，然后再画一座祁连山，因为嘉峪关有祁连山。"

大海："我想画很多石头，然后画葡萄架。"

森森："我想写'嘉峪关紫轩葡萄酒'这几个字，但是我不会写，我让妈妈帮我打印出来，我涂上漂亮的颜色。"

雷奥："我要在葡萄架上画很多葡萄，就像我们菜园里的葡萄架一样。"

君君："我要画一瓶酒、一个高脚杯，再画一个酒窖的橡木桶。"

小朋友们齐上阵，大家纷纷拿起画笔，参与到设计葡萄酒商标的游戏当中。

成长密码

把游戏的自主权彻底还给儿童，让儿童在自主、自由的游戏中，获得经验、体验自由、表达见解、迎接挑战，使儿童的潜能得到最大程度的发展。我想，这就是我在这个游戏中存在的意义⋯⋯

（何丽莎老师）

展销会搬新家 📍

游戏进展了一段时间后，小朋友们扮演的游客在销售部的场地上突然吵了起来。

游客蛋蛋："你踩到我的脚了！"

游客仙仙："对不起，有点挤。"

销售员乐乐："排好队，不然不卖！"

老师："销售部的成员们，你们发现了什么问题？为什么会发生这样的问题？"

销售员乐乐："我觉得我们的销售部有点小！"

游客仙仙："就是有点小，客人有点多，所以我才踩到别的小朋友！"

游客蛋蛋："展台也有点小，物品摆不下，有点乱！"

老师："有什么办法可以解决这两个问题？"

销售员乐乐："我们可以把展销会搬到一个更大的地方去，就像阅读节我们的跳蚤市场一样。"

随着讨论的推进，小朋友们开始进行展销会的选址和布展，经过对比、

商定，他们决定把展台搭建在幼儿园二楼的走廊上。

米奇："我想要设计一个能放很多产品的展台。"

麦麦："我想设计一个像楼梯一样的展台。"

优优："我想设计一个结实的展台。"

在搭建过程中，小朋友们遇到了一些困难……

咕咚："很多小朋友都不帮忙，他们都跑出去玩了。"

沐沐："不看设计图搭建，都乱搭。"

米奇："意见不统一，不合作搭建。"

美美："设计图上的图案，我们搭建不出来。"

老师："那有什么好的办法，可以解决这些问题呢？"

咕咚："大家要一起动手，每个人都要帮忙。"

沐沐："我上次设计得太难了，我都拼搭不出来，我这次要设计一个简单的，能拼搭出来的展台。"

优优："我们应该选个指挥的小组长，都听他的，这样就不乱了。"

米奇："要不每个小朋友都画一张设计图，然后，我们投票选一张最喜欢的。"

小朋友们根据上次的讨论，每个人都设计了一张紫轩葡萄酒展示台，并根据设计师的介绍，大家投票选出最适合的展示台。

天天："我喜欢用桌子搭建的展台，因为很稳。"

可可："这张展示台是连起来的，能放很多的葡萄酒汁呢！"

熙熙："我也喜欢桌子拼搭的，但是，我们没有这么多的桌子啊，怎么办？"

虎虎："我们可以去问园长妈妈借桌子！"

果果："我介绍我的设计图，它像一个个小柜子一样，上面可以放东西。"

硕硕："我喜欢你这个，感觉能搭出来。"

小米粒："我们投票决定吧！"

经过小朋友们自己投票选择，最终选出了糖糖小朋友设计的展示台，小组长就是糖糖小朋友。在小组长指挥下，小朋友们先去向园长妈妈借录播教室的桌子，然后在小组长的安排下，热火朝天地开始搭建了……

嘿，紫轩葡萄酒展销会开业啦 📍

如今的"紫轩葡萄酒展销会"热闹非凡，宣传员拿着小话筒向来往的小游客们介绍紫轩葡萄酒，销售员计算价格，生产部根据每位客人的需要制作不同口味的葡萄酒，外卖员穿梭在各个"商品"与"客户"之间……"紫轩葡萄酒展销会"的游戏为小朋友们带来了快乐，带来了专注，带来了经验，带来了解决问题的能力……

小朋友们和"紫轩葡萄酒展销会"的故事仍在继续……

成长密码

首先，

源于一句广告词。

接着，

有了源源不断的讨论，

有了源源不断的支持，

有了源源不断的故事。

于是，

在支持、讨论、故事中，

在守护、帮助、合作中，

生发出很多紫轩葡萄酒的相关游戏。

因为看见，每一处空间都成为探索的游戏场，

因为听见，每一种声音都成为讨论的游戏点。

烤肉、西瓜、火锅、葡萄酒……

孩子们成了调查员。

高脚杯、橡木桶、置酒架、宣传册……

孩子们成了整理家。

采摘、去梗、清洗、剔籽、搅拌、过滤、装罐……

孩子们成了酿酒师。

设计、找地、布展、宣传……

孩子们成为许许多多的"他们"……

在紫轩葡萄酒展销会课程中，

我选择退后，选择支持，

选择尊重，选择相信，

选择放手，选择观察。

孩子们的学习就像呼吸一样自然，

他们在用自己的方式表达着对家乡的爱。

打开门，推开窗，处处是风景，处处是课程。

只因我相信，

每个孩子都是独一无二且具有无限可能的……

（何丽莎老师）

探秘祁牧乳业

妈妈说多喝牛奶可以长高高、长壮壮，那牛奶厂一定很神奇吧！真想去看看奶牛们是怎么吃草、怎么喝水，怎么变出这么好喝的牛奶的。它们肯定特别厉害！

午点时光的小惊喜 📍

"哇！今天的牛奶怎么和其他时候的不一样？""喝起来还有一粒一粒像米一样的东西。""老师，这么好喝的牛奶是哪里来的？怎么会有这么好喝的牛奶呢？"

一天，吃午点时，燕麦牛奶引发了小朋友们的好奇与讨论。

贝贝好奇地问："牛奶是从哪儿来的？"

佳诺思索片刻后说："应该是老师从食堂用推车取来的吧。"

云溪则猜测："或许是从附近的商店购买的。"

雨菲却有了与众不同的想法："牛奶，应该是从牛的身体里挤出来的。"

老师："那么，牛奶究竟是从奶牛的哪个部位产出的呢？"

航航兴奋地举手，大声地说："是从奶牛的肚皮里挤出来的！"

思雨则略带羞涩地回应："是从牛的——'奶奶'里挤出来的。"

这时，依依大声说："是从奶牛的乳房里挤出的，那些大大的、长长的、垂下来的乳房就是挤牛奶的地方。农场的叔叔阿姨会戴上手套，提着大牛奶桶去挤牛奶，然后经过加工，最后送到幼儿园，我们就可以喝到美味的牛奶了。"

这时，豆豆跑到区域展台拿起两个空瓶跑到我面前大声说："老师，我发现了秘密，你看每个瓶子上都有这几个字。"

老师微笑着说："没错，这两个字叫'祁牧'。"

小葫芦骄傲地说："祁牧乳业，就是我爸爸工作的地方，我去过，里面有很多很多奶牛呢。"

彤彤满怀期待地说："我也好想去看看那些奶牛。"

欣茹则好奇地问："我想了解挤奶的过程，那一定很有趣。"

小石榴则是一脸好奇："我有好多问题想要问奶牛厂的叔叔阿姨……"

于是，小朋友们的心中萌发了去参观祁牧乳业奶牛厂的念头。

祁牧乳业我来了 📍

在一个阳光明媚的周末，小朋友们和爸爸妈妈们兴奋地来到了祁牧乳业工厂，他们都想亲眼看看，每天喝的牛奶是怎么生产出来的。

小朋友们手牵手，跟着讲解员走过一条长长的走廊。走廊两边都是透明的玻璃，可以看到下面有很多奶牛在悠闲地吃草。

亮亮好奇地问："阿姨，这些奶牛都是用来产奶的吗？"

讲解员笑着点头："是的，这些奶牛每天都会为我们提供新鲜的牛奶。"

走过走廊，他们来到了一个宽敞的大厅。大厅里有一个巨大的转盘，上面站着好几头奶牛。

豆豆惊讶地说："哇，奶牛们都在排队呢！"

讲解员解释说："这是我们的挤奶厅，奶牛们会在这里排队等待挤奶。"

看着奶牛们被轻轻地套上挤奶杯，小朋友们都觉得好神奇。

妍妍好奇地问："阿姨，挤出来的牛奶是怎么到我们家的呢？"

讲解员耐心地回答："挤出来的牛奶会通过管道送到我们的生产线，然后加工成你们喝的牛奶，再通过冷链送到每家每户。"

参观完挤奶厅，小朋友们来到了一个大屏幕前。讲解员开始播放一部动画片，讲述牛奶的制作过程。小朋友们看得津津有味，不时发出惊叹声。

最后，小朋友们还去了牛仔养殖场，看见了可爱的小奶牛。他们兴奋地和小奶牛合影，还摸了摸它们柔软的毛发。

整个参观过程中，小朋友们充满了好奇。他们问了很多问题，讲解员都耐心地进行一一解答。

参观结束后，祁牧乳业的工作人员还为他们准备了美味的奶制品试喝。小朋友们品尝着香甜的牛奶，脸上露出了满足的笑容。

成长密码

作为家长，我深知孩子的成长不仅仅局限于家庭和幼儿园，他们需要到更广阔的天地去探索和体验。这次参观祁牧乳业的社会实践活动，对孩子来说是一次非常难得的经历。通过实地参观，孩子们亲眼见到了奶制品生产的过程，了解了从奶源到产品的完整链条，这不仅增长了他们的知识，也让他们对生活中的食物有了更深入的认识。

更重要的是，这次活动激发了孩子们对未知世界的好奇心和探索欲望。他们纷纷向讲解员提问，积极参与互动，表现出浓厚的兴趣。我相信，这种亲身体验的学习方式，比单纯的课堂更能深入人心，也更能培养孩子们的综合素质。

此外，这次活动也让我看到了孩子们在集体中的表现和成长。他们学会了与他人合作，学会了分享和交流，这些都是书本上无法学到的宝贵经验。作为家长，我感到非常欣慰和自豪，也感谢幼儿园和老师为孩子们提供了这样一个难得的学习机会。

（辰辰妈妈）

今天，我们去参观了祁牧乳业，真的好开心！在那里，我知道了好多牛奶和奶制品是怎么做出来的。原来，我们每天喝的牛奶要经过这么多步骤才能变得如此美味。

讲解员阿姨还告诉我们怎么分辨牛奶的好坏，让我知道了以后买牛奶的时候要注意看标签和日期。我最喜欢的环节是试喝不同口味的酸奶，有甜的、酸的，还有水果味的，每一种都很好喝，我也想回家试着做酸奶给妈妈喝。

谢谢老师和爸爸妈妈带我来参加这么有趣的活动，我希望以后还能有更多这样的机会。

（小石榴小朋友）

小小·挤奶工 📍

从祁牧乳业参观归来，小朋友们满怀期待，纷纷跃跃欲试，渴望体验挤牛奶的乐趣。经过老师和小朋友们的共同商议，大家巧妙地利用橡胶手套制作了一个可以挤牛奶的"奶牛"玩具。

辰辰与彤彤兴奋地选择了挤奶工的角色。他们迫不及待地换好装扮，拎起小水桶，兴奋地奔向那可爱的"小奶牛"身旁。他们蹲下身子，全神贯注地投入挤奶的活动中，仿佛真的成了牧场上的小小挤奶工。

然而，不一会儿，一阵争吵声吸引了老师的注意……

老师轻声询问："发生了什么事？"

辰辰回答道："彤彤想和我一起挤牛奶。"

老师耐心地解释："彤彤，这里有两头奶牛，你可以独自享受挤奶的乐趣。"

彤彤却委屈地说："我的奶牛挤不出奶。"

老师仔细检查了"奶牛"，确认无异常，只是"牛奶"的量略少一些。于是提醒彤彤："你的奶牛并没有问题，可能是你还没有掌握挤奶的技巧。你可以请教一下辰辰呀！"

辰辰迅速回到自己的奶牛旁，一边挤牛奶一边说："看，像这样用力捏……"

辰辰仔细观察了自己的奶牛，又挤了几下，随后耐心地对彤彤说："你看，要在奶多的地方用力挤，就像这样……"他边挤边为彤彤做示范。

彤彤再次尝试，这次，牛奶终于成功挤出。辰辰继续细心指导："挤奶时不能一直用力，要挤一下，然后松开，再挤一下，再松开……"

挤奶区再次恢复了宁静，不久之后，辰辰和彤彤满载而归，将满满的牛奶桶送往灌装区进行分装。整个过程中，小朋友们不仅体验了挤牛奶的乐趣，还在相互学习与合作中收获了成长与快乐。

我们的牛奶检疫区诞生了 📍

自从参观祁牧乳业工厂后，小朋友们对牛奶检疫产生了浓厚的兴趣，纷纷提议："我们班也可以设立一个检疫体验区，让我们亲自动手试试！"

于是，在大家的共同努力下，一个充满趣味和知识的检疫体验区诞生了！

在这个特别设置的体验区里，小朋友们兴奋地穿上了检疫员的服装，仿佛瞬间化身成真正的检疫员。他们拿起滴管，将模拟的"牛奶"样本小心翼翼地滴入试管并加入酸碱指示剂。不一会儿，试管中的液体开始发生微妙的变化，小朋友们的眼睛瞪得大大的，生怕错过任何一个细节。他们兴奋地互相交流着："你看，我的颜色变了！""我的也是，好神奇啊！"

实验结束后，小石榴眨着明亮的眼睛，好奇地问："老师，如果我们用真正的牛奶做这个实验，会不会也有颜色的变化呢？"这个问题立刻引发了小朋友们的热议，大家都想知道答案。

为了满足小朋友们的好奇心，我们决定在下次的活动中，使用真正的牛奶来进行实验。小朋友们得知这个消息后，欢呼雀跃，期待着那一刻的到来。

到了第二天，我们准备了新鲜的牛奶以及小朋友们平时常喝的饮料，让他们进行对照实验。小朋友们兴奋不已，纷纷围在实验台前，小心翼翼地操作着。

当酸碱指示剂滴入牛奶中时，牛奶的颜色果然发生了变化。与之前的实验不同，这次的变化更加明显和有趣。小朋友们惊喜地大叫起来，互相分享着自己的发现。

"哇，牛奶真的变色了！""好神奇啊，没想到牛奶也能做这么有趣的实验！"小朋友们兴奋地讨论着，对科学实验的兴趣更加浓厚了。

小·小·送奶工

这天，美食餐厅的小外卖员穿着醒目的外卖服来到我们的班级，瞬间吸引了小朋友们的目光。轩轩兴奋地说："老师，我也想加入这个游戏。"

于是，小朋友们围绕"送餐"这一话题展开了热烈的讨论。他们思考着："既然别的班可以送美食，那我们又能送什么呢？"有的小朋友灵机一动，提议送"牛奶"。于是，一场别开生面的送奶活动就此拉开帷幕。

佳诺提出了一个问题："我们没有车，怎么送牛奶呢？"泽轩迅速回应："我们可以去操场搬一辆车来。"欧阳则提出了另一个建

议："或许我们可以去交通区借一辆车。"在小朋友们的集思广益下，车辆问题得到了妥善解决。

"老师，我想当送奶员！"轩轩激动地跳起来，眼睛里闪烁着期待的光芒。

"我也想，我也想！"其他小朋友们纷纷附和，小手举得高高的，生怕老师看不见。

"那我们就开始报名吧！"老师微笑着说。小朋友们兴奋地围在一起，一个个地报出自己的名字。

报名结束后，他们又围在一起讨论送牛奶的细节。

心怡："我们要给哪个班送牛奶呢？"

"嗯……我们可以轮流送，每个班都送到。"辰辰思考了一会儿，提出了一个建议。

"对，还可以让他们选择自己喜欢的口味！"旁边的依依兴奋地补充道。

"那我们要怎么知道他们喜欢什么口味呢？"心怡继续追问。

小朋友们陷入了沉思。过了一会儿，小乐突然眼睛一亮，说："我们可以在送牛奶的时候，给他们一张口味选择卡，让他们勾选自己喜欢的口味！"

"哇，这个主意真好！"小朋友们纷纷称赞小乐。

"那我们就开始准备吧！"老师鼓励道。

小朋友们立刻行动起来，有的去准备口味选择卡，有的去准备牛奶，还有的去搬车。不一会儿，他们就准备好了所有的东西。

"出发咯！"小朋友们兴奋地跳上车，开始了他们的送奶之旅。他们挨家挨户地送到每个班，班上的小朋友都认真地勾选自己喜欢的口味，并惊喜地接过牛奶。

送完所有的牛奶后，小朋友们回到教室，满脸都是满足和幸福的笑容。"今天真是太好玩了！我下次还想当送奶工！"轩轩兴奋地说。"我也是！"其他小朋友们纷纷附和。

老师微笑地看着他们，心里充满了欣慰和自豪。她知道，通过这次活动，小朋友们不仅学会了合作和分享，还学会了如何去关心和帮助他人，这都是他们成长路上最宝贵的财富。

新品尝鲜喽

随着游戏的深入，我观察到，小朋友们对于牛奶加工厂的传统乳制品似乎逐渐失去了兴趣，订单的数量也在慢慢减少。我试图引导他们思考："天气越来越热了，你们心中最渴望的清凉美食是什么？"

不出所料，小朋友们异口同声地回答："酸奶水果捞！"原来，前一天他们尝到了幼儿园食堂本月推出的新品，那独特的滋味已经深深印在了他们的心间。

我趁机引导："你们爱吃的，也许就是大家所需要的，我们可以尝试做一些新品，让大家来品尝。"小朋友们立刻兴奋起来，纷纷提问："制作水果捞需要哪些食材？"航航迅速回答："需要很多很多的水果。"轩轩补充道："还有必不可少的酸奶。"豆豆则提出了一个现实问题："可是，现在我们没有这些材料，怎么办呢？"

这时，二妮灵机一动，眼中闪烁着智慧的光芒："我们可以去食堂找找看！"阳阳也兴奋地提出："我可以从家里带一些酸奶来！"

经过一番商量，小朋友们决定提前领取加餐的水果和午点的酸奶。

看着他们忙碌的身影，我不禁感叹他们的行动力。一切准备就绪后，小朋友们开始制作水果捞。他们认真地将水果洗净切块，虽然只是简单的动作，但小朋友们却乐在其中。

当准备工作完成，小朋友们开始挑选自己喜欢的水果，细心地将酸奶挤在水果上，小心翼翼地搅拌。

他们惊喜地发现，水果在酸奶的包裹下，仿佛穿上了一件雪白的"外衣"。

美味的水果捞终于制作完成，诱人的香气弥漫在空气中。小朋友们互相欣赏着彼此的劳动成果，看着碗里色彩斑斓的美味，他们迫不及待地想要品尝。品尝着自己亲手制作的水果捞，小朋友们脸上洋溢着满足和成就感，他们兴奋地赞叹道："真甜！真香！"

成长密码

此次活动是幼儿园生活课程的重要组成部分，为了让孩子们在游戏中获得真实体验和感受，以及亲手制作美食的机会。在制作过程中，孩子们充分调动了感官和手指的协调能力，运用各种材料进行创作。这不仅让他们的创造力得到了最大限度的发挥，还让他们体验了动手制作的乐趣。通过这个过程，他们学会了如何制作水果捞，并激发了对生活的热爱。

（魏莉老师）

牛奶皂 📍

一天早晨，旻旻兴奋地跑到我跟前说："老师，昨天我和妈妈在家里制作了牛奶皂，有各种各样的形状，很有趣呢！"我随即让旻旻与大家分享了他的制作经验，小朋友们顿时讨论得热火朝天。是啊，牛奶不仅可以做成美食，还可以制成生活用品。

思语好奇地问道："老师，我们的加工厂里能制作这样的牛奶皂吗？"

辰辰满怀期待地说："老师，我也想尝试一下，这样我们洗手时就能用上自己制作的香皂了。"

然而，七月却有些失望地说："老师，我们没有制作所需要的锅和其他材料，幼儿园里也没有这些。"

老师有些犯难："这可怎么办呢？"

二妮则惋惜地说："好可惜啊。"

有桐则提议："要不然我们买一些材料吧！"

看着小朋友们从最初的期待和兴奋，逐渐变得有些失落，我最终决定从网上购买材料，让他们尝试制作。一周后，我们期盼已久的材料终于抵达，小朋友们迫不及待地想要开始制作。

在活动开始时，我和小朋友们一起了解了香皂的起源以及手工皂的制作原材料、所需工具，并和他们一起探索牛奶皂的

制作流程。

　　小朋友们对这些新奇的物品充满了好奇心，纷纷猜测它们的用途，特别是制作香皂的主要原料——"皂基"，小朋友们都好奇地闻闻、摸摸、看看。多么神奇啊！那白色透明的皂基在温度的作用下逐渐融化成液体。小朋友们根据自己的喜好，找来不同味道和颜色的添加物，以便让香皂变得更加美观。

　　一切准备就绪后，小朋友们跃跃欲试，在老师的指导和帮助下，他们将自己喜欢的颜料，滴到融化的皂液中进行搅拌。

　　接下来，只需将搅拌好的液体倒入模具，然后将"冷却"的任务交给时间。

　　经过一段时间的等待，"冷却"步骤完成，一个个可爱的香皂终于呈现在大家眼前。这些小小的色彩斑斓的香皂散发着淡淡的香味，给大家带来了好心情。小朋友们忙着将自己制作的香皂进行脱模，脸上洋溢着满足和喜悦的笑容。

成长密码

　　在活动中，儿童具有很高的探究兴趣，主动体验探究过程，直接感知香皂的各种形状和种类，实际操作牛奶香皂的制作过程，全程都沉浸在一场充满乐趣的牛奶香皂体验之旅中。

　　更值得一提的是，此次活动还为小朋友们提供了一个良好的语言表达平台。他们在活动中与同伴交流心得，向老师请教疑惑。通过语言的交流，不仅提升了自身的表达能力，还增进了彼此之间的友谊。

　　最终，小朋友们在这场活动中收获了"想玩、会玩、玩中学"的乐趣。他们在游戏中学习，在学习中成长，用自己的方式探索着世界的奥秘，解锁成长的密码。

（魏文煜老师）

我是生活小达人

我们要种好多好多的百合，把我们的百合放在骆驼的背上送给外国人。

我

指尖生趣，百合花开 📍

"老师，这是蒜吗？我不喜欢吃蒜。"畅宝皱着眉头说。

"好像不是的，它是甜甜的味道。"蕙蕙解释着。

"怎么吃起来和蒜的味道不一样？"畅宝反问道。

原来，小朋友们对于"这到底是蒜，还是百合？"产生了分歧。没关系，让我们一起来验证一下吧！

于是，我们一起从幼儿园的食堂里借来了几头大蒜和百合。小朋友们将蒜和百合放在了一起，小眼睛仔细地打量着，小手轻轻地触摸着。蒜和百合到底有什么不一样的呢？

"这不就是蒜吗？一瓣一瓣，白色的！"辉辉大声地说。

"这不是蒜，这是百合！"翔翔说。

"为什么它和蒜长得一模一样呢？"穆穆嘀咕道。

彤彤："你看，百合是一片一片的，而蒜是一瓣一瓣的。"

蕙蕙："蒜是圆圆的、鼓鼓的，百合是薄薄的、扁扁的，像花瓣一样！"

小朋友们将百合一片一片地剥下来，轻轻地闻着百合片淡淡的味道，小心翼翼地将一片一片的百合片传递给每一个小朋友。他们亲手剥离蒜和百合，触摸后，发现了蒜和百合是不一样的。

他们将剥下来的百合片整齐地摆放在窗台上，经过自然晾晒，逐渐变成百合干。有的小朋友好奇地问："百合干能吃吗？"有的小朋友说能吃，有的小朋友说不能吃，有的小朋友拿起百合干就咬，结果发现，原本一不小心就会碰坏的百合片竟然变得又干又硬。一时间，小朋友们拿不定主意，于是决定去问"食物专家"——食堂阿姨。食堂阿姨告诉小朋友们，百合干是可以吃的，百合干经过浸泡之后会变软，然后才能进行烹饪。

果果："能不能把它变得像奶粉一样，可以冲泡在水里喝呢？"

航航回应道："那我们就得把它弄碎。"

一部分小朋友说干就干，他们从"中药馆"借来了研、磨、捣、碾的工具，百合片最终会在"小厨师"的手中变成什么呢？我们拭目以待。另一部分小朋友也开启了"包装"模式，一片一片、外形完整的百合片，即将搬进漂亮的新家，"鸭鸭美食城"热闹了起来。

成长密码

起初，小朋友们对百合不是很了解，他们将百合误认为蒜，我并没有当场揭晓答案，而是从食堂借来了数头大蒜和百合，让他们进行真实的对比、体验。小朋友们在看一看、摸一摸、闻一闻、剥一剥的过程中，发现不同，寻觅答案，在生活中收获快乐。

（李娇老师）

我从来都没有见过如此脆弱的百合种球，在剥皮时，我几乎不敢用力，生怕一不小心就会将它弄破。它会感到疼痛吗？我小心翼翼地、慢慢地、一片一片地将它的外皮剥离。

（语语小朋友）

百合认领计划 📍

"老师，百合生长在哪里？它会开花吗？它的果实是什么呢？"根据小朋友们的不断发问，我们决定一起来试一试百合能不能种在花盆里，种在花盆里的百合会长成什么样？

嘉宝们带上自己的小花盆、小铲子出发啦！一切准备就绪，小朋友们的后花园随时准备迎接他们的到来。挖挖坑，铲铲土，小花盆里倒一倒。不一会儿，属于嘉宝的小花盆里就装满了土壤。

"我要给我的小花盆多装一些土。"泽泽说。

"我也要多放一些土，让小百合舒舒服服地睡大觉。"茹茹一边说，一边往花盆里加土。

"宇宇，你装的土有点少，我来帮你再多添一些吧！"旭旭一边说，一边将自己铲子里的土倒进了宇宇的花盆里。

"土壤已经悄无声息地睡在小花盆里了，我们找一个朋友来陪陪它吧！快看，土壤的好朋友——百合种球来啦，快来看看吧！"我的话音刚落，小朋友们就开

始挑选自己的种球。有的小朋友挑选了比较大颗的，有的小朋友挑选了比较小颗的。选好的小朋友先在花盆的土壤中间挖一个坑，小心翼翼地将种球放在里面，然后一点一点地埋起来，再用小喷壶给百合种球洗澡。还有的小朋友已经迫不及待地用酸奶瓶开始"浇灌"啦！

成长密码

　　小朋友们迁移日常生活中的种植经验，在后花园进行挖土、填土和种植百合种球的活动。在这个过程中，他们没有直接寻求老师的帮助，而是通过自己的努力和亲身尝试，小心翼翼地将土壤填进花盆，生怕撒得到处都是。特别是在往花盆里填土的时候，小朋友们表现得团结友爱、互帮互助。完成种植后，他们满怀爱意地擦洗着小花盆，然后又进行喷水、浇水等工作，期待百合种球每一天的变化。

　　小朋友们耐心细致地将百合种球种在花盆里，通过亲身体验，内化成属于自己的新经验。他们在大自然中探索，在大自然中解惑。

（邢雅宁老师）

　　我给小百合找到了漂亮的新家，还给它盖了被子，浇了水，希望小百合快点长大哟！

（妍妍小朋友）

"佛手"百合 📍

"老师，百合种球在小花盆里怎么没几天就蔫了呢？颜色也变黄了！"随着蛋卷的一句话，小朋友们争先恐后地聚在"百合池"里进行察看。

"我们是不是应该把它全部埋在土壤里面呢？"宸宸说。

"那都看不到了呀，我们怎么和其他班的小朋友介绍呢？其他班的小朋友都不认识百合种球，也没有见过！"语语说。

"我们能不能做一个百合种球的模型？做一个不会枯萎的百合种球！"予予天马行空地想象着。

"我们不是有很多的黏土吗？可以用黏土来制作百合种球呀！"成成指着黏土说。

"李老师，我们可以用黏土做百合种球吗？"彤彤问道。

我开心地说："当然可以呀！我们在做百合种球之前，先请小朋友们品尝一个小干果！"说着，我从"鸭鸭食坊"拿出了一袋开心果。小朋友们七嘴八舌地说道："这是开心果，新疆的特产！""我最喜欢吃开心果啦！"

"现在，小朋友们可以品尝开心果了，但是有一个小任务，就是请你将开心果果壳完整地剥下来，放在小盘子里。吃果实的时候不要着急，细细嚼，慢慢咽！"

小朋友们高兴地吃着开心果，并将果壳剥下来放了盘子里，不一会儿就装了满满一盘。

"老师，开心果果壳有点像百合种球的花瓣！"硕硕说。

"老师，它们长得一模一样！"仪仪说。

"我们是不是可以用开心果果壳做百合花瓣，这样就不会枯萎啦！"航航说。

"这就是我要送给你们的礼物，开心果果壳和黏土，大家可以大胆地尝试一下！"说着我便将黏土一起拿了过来。只见彤彤拿了一大块黏土，压扁后，开始将果壳一个一个地插在上面，其他小朋友们看到后纷纷效仿……

"老师，我做好了，你看我的百合种球，它有这么多瓣！"优优最先做好，得意地炫耀着。不一会儿，"佛手百合"就摆满了窗台。

成长密码

　　当小朋友们提出问题，引发同伴们一连串的思考时，作为老师，我内心充满欣喜。面对他们关于"百合变蔫"的疑问，我选择了全力支持和倾听。在发现问题后，小朋友们开始尝试寻找解决之道，他们之间的互动交流程度出乎我的意料。而当他们的兴趣转向了创作百合种球，我灵活地将这一兴趣点与"餐点"环节相结合，让他们在享受美食的同时，惊喜地发现类似百合种球瓣形状的食材。开心果果壳作为创作材料，为小朋友们带来了更多有趣的思考，他们很快便有了新的创意，"佛手百合"应运而生。

（李娇老师）

　　我的家里也有开心果，我要给妈妈做一个"佛手百合"的装饰品。我打算教妈妈怎么制作，然后我们一起将这个装饰品摆放在家里的桌子上，让家里变得更加温馨。

（桐桐小朋友）

香水百合 📍

　　色彩斑斓的毛绒棒，对于小班的小朋友们来说很是好奇，大多数的孩子都是第一次接触这种材料，他们欣喜地触摸着，发现毛绒棒毛茸茸、软软的，可以任意弯曲。于是，我们一起学习着"拧"的工作，将它变成一片一片的小花瓣。

　　伴随着教室里淡淡的百合花香，小朋友们分小组观察了百合花瓣的形状、数量等特点。

　　满满："百合花的花瓣是弯弯的。"边说边用小手模仿百合花瓣的形状。

　　老师："我们一起数一数，一朵百合花有多少片花瓣？"

　　"我看到的这支百合花有6片花瓣！"畅畅很快回答道。

　　我先进行示范制作，小朋友们认真地观察着：首先，将一根毛绒棒对折，将开口的部分拧住，再将拧好的毛绒棒整理成花瓣的形状。示范刚刚结束，小朋友们就迫不及待地拿着毛绒棒尝试了起来。

一开始，小朋友们都能顺利完成对折的步骤，但是在"拧"的过程中，部分小朋友没有掌握"拧"的要领，屡屡失败，产生了挫败感。我发现后，立刻对个别小朋友进行指导，并再次为他们示范，鼓励他们再次尝试。掌握要领后，小朋友们拧花瓣的速度越来越快，他们将拧好的花瓣绑在一起，对照着百合花开始调整花瓣的形状，一边拧着，一边放在百合花旁边进行对比，满意的笑容浮现在一个个的小脸上。

成长密码

生活处处是契机。小朋友们通过老师提供的新材料，主动迁移已有经验，使用新材料制作了熟悉的百合花。在这个过程中，他们不仅学会了使用毛绒棒的技巧，更是发现简单的毛绒棒也能激发出他们的创造力和探索更多可能性的能力。

（邢雅宁老师）

百合花真的很香、很漂亮，我想把百合花送给妈妈，我要做一朵粉色的和一朵白色的。

（畅宝小朋友）

我们置身其中，体验班级文化。启发式的游戏和寓教于乐的教学方式，顺应新时代的教育理念。做教育，一幼很用心，老师们更加用心！家园协同，以后我们必将积极全面配合老师的工作，为了嘉宝们健康快乐的明天，我们一起努力！

（彤彤妈妈）

百合书签 📍

早晨一入园，旭旭就发现教室里的百合花有点枯萎了。他大喊："老师，百合花死掉啦！"小朋友们听到后纷纷围观过来。

"百合花的花瓣都变成黄色的了。"煊煊说道。

"干了，它都干了！"轩轩忍不住用手轻轻摸了一下干枯的花瓣，花瓣立刻凋落了。

"好可惜呀！"桐桐有点伤心。

"不过这一朵还好着呢！"优优发现了一朵还未凋谢的百合花。

"会不会明天就枯萎了呢？"泽泽担心了起来。

这时，蛋卷手里握着一片凋落的花瓣说："老师，我想把这一片花瓣带回家。"

"为什么呢？"我疑惑道。

"它很漂亮，我想带回去送给我的妹妹。"蛋卷说。

"好呀，当然可以。"蛋卷小心翼翼地将花瓣放进了自己的小柜子，轻轻地关上了柜门。

畅宝："有没有什么好的办法能让百合花永远保存下来呢？"

齐齐："我们要给它一直浇水。"

旭旭："我们可以把它种到土里面去呀。"

兆兆："我们还可以把花瓣放在冰箱里。"

小朋友们的突发奇想不断在萌芽……

区域游戏的音乐声响起来了，一部分小朋友来到了三楼的艺术主题区域，门口一排排漂亮的叶脉书签吸引了他们的目光。

"老师，这里面的树叶就不会蔫。"兆兆大声喊道。

小朋友们一拥而上，都来观看"神奇的宝物"。于是，我们邀请了国际艺术交流中心的老师为小朋友们介绍了叶脉书签，并简单讲述了书签的制作方法、需要的工具等，小朋友们非常感兴趣，认真地观察着每一张叶脉书签。

随后，我们一起去教务科借来了过塑机和过塑纸，并向小朋友们讲解了它们的使用方法和注意事项。回到教室，小朋友们就开始收集一片一片的百合花瓣。

老师将小朋友们分成不同的小组，每组分发一张大的过塑纸，请他们自行将花瓣排列在过塑纸上，并提醒他们花瓣不能挨在一起，要留有空隙。

除了制作百合花书签，小朋友们还创作了百合花图鉴。为了帮助他们更深入地观察和认识百合花的各个部位，我们在百合花凋谢后进行了解剖。通过这一过程，小朋友们更加清晰地了解了百合花的花瓣、雄蕊、花芯、柱头、子房、花托和花柄等部位，并学习了这些部位的专业名称。随后，他们与老师一起动手制作了百合花的解剖图，以加深对百合花结构的理解。

成长密码

在使用过塑机前，老师提问式的引导，巩固小朋友们回忆过塑机的正确使用方法，并在老师的保护中完成了百合花书签的制作。

虽然是小班的孩子，但是他们能够通过观察对比，发现鲜花的形态变化，并对"百合花的凋谢"为之叹息。在这个过程中，他们产生了想要去"保留美好"的想法。在老师的引导下，他们能够用自己的实践行动去解决自己遇到的问题，观察、学习、模仿制作书签的流程，并且制作了专属的百合书签。

（邢雅宁老师）

在生活中，小朋友们通过观察、体验和感受，发现了许多问题和现象。为了帮助他们更好地理解这些发现，老师选择引导他们一起进行实践探索。在这个过程中，"神奇过塑机"为小朋友们提供了强大的物质支持。老师并没有因为担心麻烦而限制小朋友们的游戏，而是尽力排除安全风险，为他们创造了一个更加安全适宜的探索环境。

（李娇老师）

百合花儿开 📍

天气渐渐变暖，教室里悄悄地发生了一些变化……小朋友们在教室和老师一起做游戏，跳到窗边的成成大喊："老师，花盆里面长草了！"

小朋友们纷纷前去围观这场突发的"惊喜"！原来是他之前种下的百合不知在什么时候悄悄地发出了小嫩芽。

教室里"新成员"的出现，掀起了一场激烈的讨论。

一一："它好小呀，像个小草宝宝。"

春天："这是谁的花盆？"

元元："这是什么草呀？怎么这么小？"

航航："这是百合呀，我们自己种的百合。"

优优："它是因为喝了很多水所以长大了吗？"

小语："它是不是百合呀？"

亲手种下的种子发了芽，小朋友们好奇地和同伴分享着自己的新发现。原本光秃秃的花盆里出现了一个小生命，小朋友们的心里也多了一份牵挂：有的小朋友会主动去浇

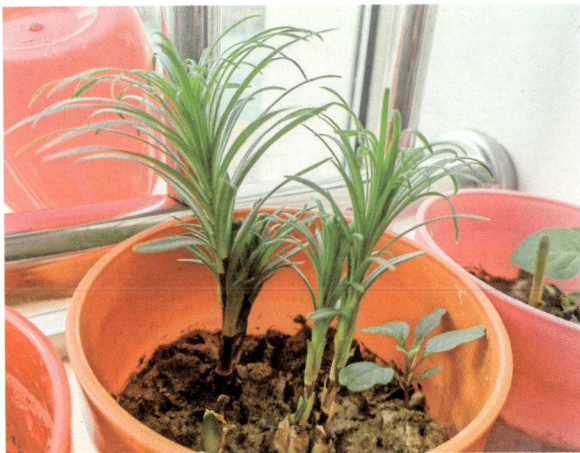

水，有的小朋友每天都会去探望，有的小朋友将百合发芽的喜悦分享给了爸爸妈妈……在小朋友们的期盼中，越来越多的花盆里长出了新芽，并且在他们的期盼中一天天地长大。

"老师，我的百合也长出来了！"畅畅终于盼来了沉睡的小种子发芽。

"老师，我的百合是最高的！"宸宸自豪地说。

"我的花盆里有两个小芽，大的是妈妈，小的是宝宝。"桐桐开心地说。

"老师，我的百合怎么还没长出来呢？"硕硕有点失落，小声地说着。

几家欢喜，几家愁，眼见着其他小朋友的百合纷纷冒出了新芽，越长越强壮，硕硕的花盆里却一直没有动静，这到底是为什么呢？

"是不是你忘记给它浇水了？"小语提醒道。

"是不是有虫子把种子宝宝吃掉了，所以种子宝宝已经死掉了？"畅宝关心地询问。

听到其他小朋友的对话，硕硕沉默不语。

老师见状，和小朋友们一起讨论："小种子需要哪些条件才能长大呀？"

"需要浇水，种子宝宝要喝水才能长大。"煊煊说。

"还要帮它松土、除草，不然别的小草就会吃掉它的好吃的，就没有营养了。"翎翎边说边做着浇水的动作。

"还要晒太阳，太阳一晒，叶子的嘴巴就张开了。"

"那我们快来帮帮硕硕的小百合吧！"

于是，热心的"植物小医生们"帮助硕硕小朋友给百合浇了水，用小木签松了松土，还把它从角落里转移到阳光最好的地方，我们一起期待奇迹的发生。

随着时间流逝，百合也在逐渐长大，每天都有肉眼可见的变化：

"我的百合长高了！"翔翔兴奋地喊着。

"我和乐乐的百合叶子怎么不一样？"泽泽问道。

小朋友们通过观察，见证了百合从小芽到长出叶片，不知不觉中百合的茎秆上已然缀上了花蕾。

时间总是默默无声，等待却会带来奇迹。

前一天还静默着的小花蕾，在第二天清晨给了小朋友们最热烈的欢迎——三株粉色的百合花一起绽放了。

"你们快来看呀！百合开花了！"第一个迈进教室的满满一眼就看到了漂亮的粉色花朵。

"哇，粉色的花，好漂亮呀！"穆穆拍着手说。

"一一，你的百合开花啦！我的百合怎么还不开花呀？"茹茹疑惑地看着一一。

"别着急，你的百合可能长得比较慢！"成成说。

"我想闻一闻，看看它香不香。"彤彤在等待着回应。

"肯定是香的，花朵都有香味。"仪仪自信地眯起一双小眼睛说。

"怎么和李老师买的百合花不一样？它像个小宝宝一样，李老师买的百合花像妈妈一样，是个大人。"可爱的优优和小朋友们分享着。

就这样，粉色的百合花成为嘉嘉班的新主角……

成长密码

生活即教育，好奇促成长，每一朵花都是大自然的馈赠。伴随着百合花的种植、生长开放、花朵凋落，不经意间，小朋友们关注自然、关爱生命的天性得以呈现。在陪伴百合生长的过程中，小朋友们通过浇水等方法帮助百合成长，并且亲眼见证了百合花每天的变化，感受到生命的神奇。

（李娇老师）

"百合"课程非常精彩，小朋友们知百合、辨百合、做百合、吃百合、赏百合等各种活动精彩纷呈。这些活动不仅丰富了小朋友们的文化知识，锻炼了他们的精细动作，还培养了他们团结协作的精神。

（钰钰妈妈）

小朋友们特别幸福，每天在幼儿园里既充实、有趣，又尽情地展示着他们无限的想象力和创造力。他们不仅学会了独立互助，还学会了探索发现。老师们不仅给小朋友们创造了轻松、舒适、愉快，比家还温馨的学习生活环境，照顾着小朋友们的生活和学习，还一同陪伴百合花成长，小心翼翼地呵护着每一个孩子最天真、最纯粹的兴趣和爱好。

（翎翎妈妈）

谁来救救我的袜子

——一个关于爱的故事

一只袜子对另一只袜子说，你破了个洞，这对我们俩来说都不是好事。

孙老师

城城
（3岁2个月）

我有一个小·麻烦 📍

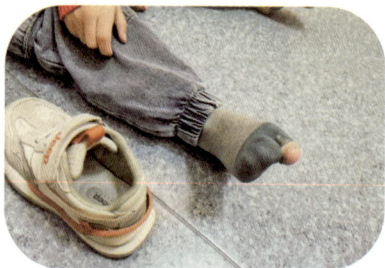

　　故事开始在小朋友们离园换鞋子的时刻，城城发现自己的袜子破了一个洞，可爱的大拇指探出了头。这个突然暴露的大拇指引得小朋友们纷纷前来围观："它是出来透气的吗？""城城，你是不是从来不脱袜子啊？把你大拇指捂到了，它想出来了。""为什么我的袜子好好的呀？"

　　于是，袜子的故事就这样开启了。

　　米拉："为什么你的袜子破了呢？"

　　城城："奶奶买的袜子太不结实了。"

　　老师："那袜子破了怎么办？"

　　城城："可以用和面机、用魔法去补自己的袜子。"

　　多多："那怎么可能。"

　　城城："那谁能救救我的袜子啊？"

　　城城将自己的困惑分享给了班里的小朋友们，因为正值离园，来不及进行深入探讨。待小朋友们离园后，老师帮助城城将今天发生的事情发到了班级群里，鼓励其他小朋友帮助城城想办法解决这个难题。

缝补袜子我有办法 📍

关于补袜子这件事，小朋友们在家中已经想了很多种办法，班级群里小朋友们也进行了讨论：到底应该怎样去补好它呢？第二天，小朋友们揣着答案来到了幼儿园，他们争先恐后地谈论自己的想法，每一个天马行空的想法都是他们最真实的表达：用胶带、用热熔胶棒、用棒棒胶、用魔法、用叠穿法等，老师帮助小朋友们进行了一一验证。在验证的过程中，有的充满了危险，有的充满了欢乐，有的充满了不解，小朋友们的探讨非常激烈。

寻找缝纫机 📍

在多种办法都不能实现的情况下，五月小朋友提到了奶奶用缝纫机给他补过袜子。借此时机，小朋友们询问了老师："幼儿园有没有缝纫机？"在得知幼儿园也有缝纫机后，城城就邀请五月一起去找缝纫机。在寻找缝纫机的过程中，他们通过自主询问，知道了缝纫机在库房。怎么打开这个库房的门呢？首先要找到管理库房钥匙的王老师，可是，王老师此时正在给大班年级组活动的哥哥姐姐拍摄照片。在经历了等待后，他们如愿拿到了库房钥匙。在这一过程中，他们经历了拿错钥匙、找不到人等困难，他们自己商量解决办法，最终找到了缝纫机。

缝纫机的主人 📍

　　找到缝纫机是一件开心的事情，但是在小朋友们的期待下，王老师却说自己并不会使用缝纫机，那么，谁会使用缝纫机又是一个新的难题。城城也不气馁，和好朋友一起询问了各班老师、门房爷爷、食堂阿姨，最终问到了唯一会使用缝纫机的保洁员——孙老师。城城说明缘由后，孙老师说她很忙，还有工作没做完，暂时不能帮城城补袜子。面对这样的情况，城城并没有放弃，而是选择帮助孙老师一起完成她的工作，来换取补袜子的机会。

袜子绝对不能分离 📍

孙老师终于做完了自己的工作，袜子马上就得救了。在缝纫机吱吱呀呀的缝补声中，城城很满意，他对这个神奇的机器也很好奇。在孙老师的指导下，他尝试了缝补的工作，也把自己的袜子之旅讲给了班里的小伙伴。这一天离园，他是穿着两只袜子回家的。当问到为什么非要补这一只袜子时，他是这样回答的：

王老师："袜子都这么破了，扔了吧，或者重新买一双是不是也可以？"

城城："不可以，因为袜子就像我和妈妈一样，是绝对不能分离的。"

成长密码

袜子破了，这样一件小得不能再小，甚至有点尴尬的小事，被老师给予了如此高度的重视，发动所有小朋友出谋划策并积极付诸实践。在活动前，老师亲自将宝贝的袜子洗干净，以便次日小朋友们进行研究。

错了不要紧，遇到困难也不要紧，只要我们怀着一颗赤诚友爱的心，努力坚持不放弃，生活终将回馈我们满意的答复。

这对小朋友的性格养成乃至以后的人生，都是不可多得的一笔财富。或许不久的将来，孩子在人生成长中遇到困难，坚持不下去的时候，想起那年初夏一只袜子的旅行，内心便会再次充满勇气和力量。

（城城爸爸）

反正今天我必须要穿两双袜子回家

你好！咕噜球

—— 生命的诞生，美好的相遇

每天去幼儿园，最开心的事情，就是去看鸭鸭……

走，去幼儿园里看鸭鸭 📍

刚刚进入幼儿园的欢宝们，情绪还不是太稳定，但是，每当户外散步时，他们看到幼儿园里的两只小鸭子，总会充满好奇，仿佛暂时忘记了自己小小的烦恼。于是，我经常带他们去看鸭鸭。

"鸭鸭，你好呀！"

"鸭鸭，你今天晒太阳了吗？"

"鸭鸭，你吃饱了吗？"

每当这时，欢宝们总是很热情地和小鸭子打招呼，软萌萌的小鸭子让小朋友们十分喜欢，孩子们对鸭鸭的关注度很高。日子一天一天地过去了，和鸭鸭互动成为小朋友们一日生活中必不可少的环节。

这一天，欢宝们有了新的发现。

"老师，快看那里有一个蛋。"豆豆突然叫出声来。

小朋友们都被吸引了，一窝蜂地跑过去围观。"真的吗？让我看看在哪里？"佩雯说着，便带着诺诺、小懿使劲往前凑。果然，在鸭鸭的

窝里发现了一个又白又大的蛋。

　　我请小朋友们把蛋捡了出来，拿回教室慢慢观察。这下子，这个蛋宝宝便成了小朋友们的宝贝。

　　于是，一场关于蛋宝宝的探索之旅就这样开始了。

　　每个小朋友都无法抗拒小动物的魅力。每次离园前，欢宝们穿好衣服后就会迫不及待地跑去小木屋看鸭鸭。

孵化小·生命 📍

　　这一天，欢宝们发现鸭鸭又下了一个蛋，第二天又下了一个……

　　这下，小朋友们更感兴趣了，每天都会去看鸭鸭有没有下蛋。一天下一个，就这样小朋友们收集的蛋越来越多，他们的话题也越来越多：

　　"为什么鸭子会下蛋呢？"

　　"两只鸭子，一只是鸭爸爸，一只是鸭妈妈吗？那它们的蛋就是它们的宝宝吗？"

　　"蛋宝宝里面会钻出小鸭子吗？"

　　……

　　老师："我们怎么才能知道谁是鸭爸爸，谁是鸭妈妈呢？"

　　听到我的话，小朋友们又来兴趣了，他们想着各种各样的办法区分谁是鸭爸爸，谁是鸭妈妈。

　　"大的是鸭爸爸，小的是鸭妈妈。"

　　"胖的是鸭爸爸，瘦的是鸭妈妈。"

小朋友们的兴趣从鸭鸭又转移到蛋宝宝：

"蛋里面有什么呀？"

"它跟我们吃的鸡蛋一样吗？"

"这些蛋里面真的有小鸭子吗？小鸭子是怎么出来的？"

"我们怎样才能从蛋里面变出小鸭来？"

小朋友们展开了激烈的讨论，争先恐后地观察着。他们发现鸭鸭基本上每天都下一个蛋，于是决定把蛋宝宝全部收集起来。小朋友们每天的话题都离不开这些蛋宝宝，并且将蛋宝宝的话题从幼儿园带到了家里。这一天，柚柚妈妈为小朋友们带来了一个孵蛋机，这下，我们的孵蛋之路正式开始啦！

我们的游戏结束了吗？没有！欢宝们孵的小生命还在继续生长，他们每天都会认真观察、加水，画孵蛋日记。他们陪伴小生命一起成长，共同期待蛋宝宝破壳而出，共同见证生命的惊喜……

1. 观察蛋宝宝，清洗蛋宝宝，给自己的蛋宝宝做标记，了解蛋宝宝的内部结构。

2. 把蛋放进孵化箱里，孵蛋成功率更高一些。为了让小朋友们了解更多蛋的种类，我们还加入了鸡蛋和鹅蛋。小朋友们每天加水、翻蛋、观察，并填写观察记录表。

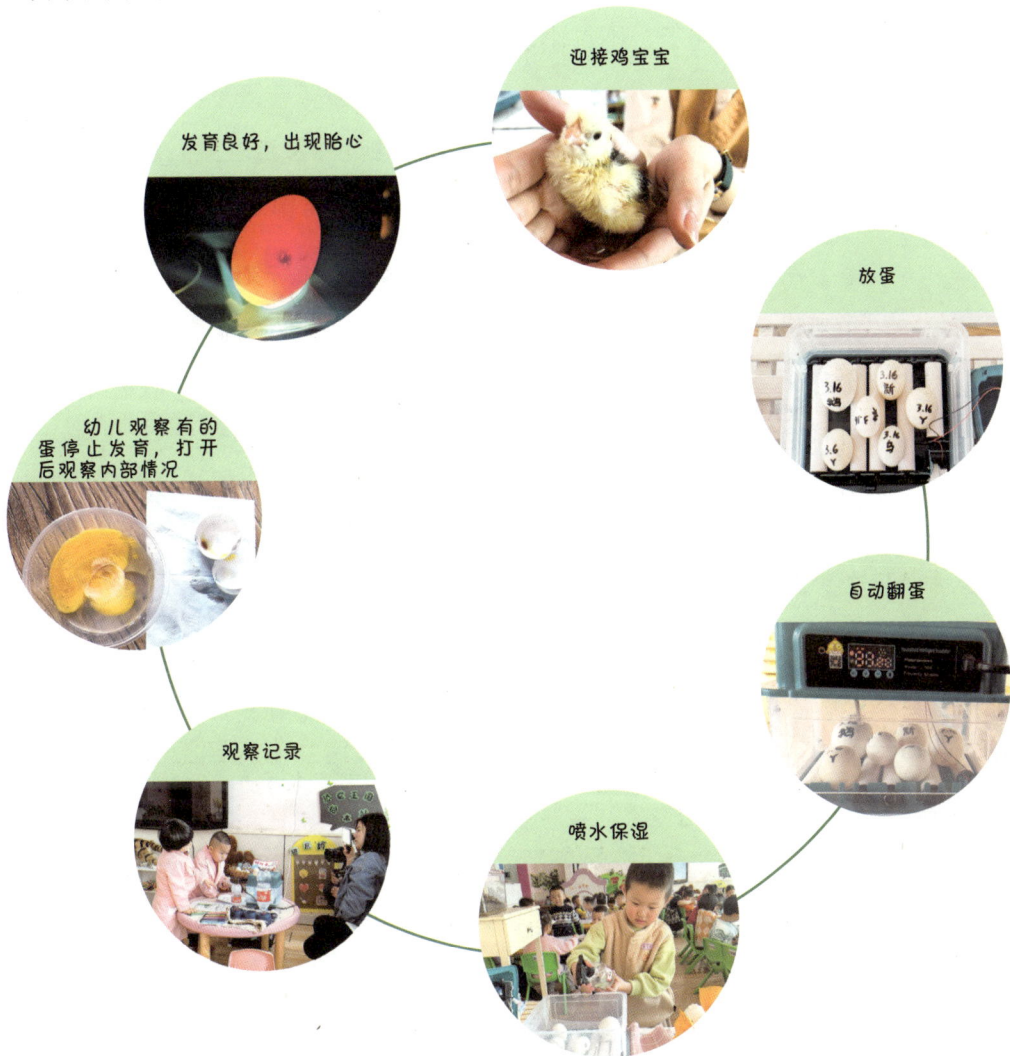

发育良好，出现胎心

迎接鸡宝宝

放蛋

幼儿观察有的蛋停止发育，打开后观察内部情况

自动翻蛋

观察记录

喷水保湿

3.定期观察，第 7 天照蛋，把没有形成胚胎的蛋淘汰，最后几天增加水，给蛋喷水降温。

4.凉蛋的过程很容易造成惊蛋，并停止发育。小朋友们尝试了很多次，结果鸭蛋全军覆没了。幸运的是，我们还有鸡蛋，怎么办呢？还是让老师来操作，我们来观察吧！

5.时间到了（第21天），我们该迎接鸡宝宝们的到来了。虽然没有观察到小鸡半夜出壳的样子，不过小朋友们还是共同见证了初生的喜悦。生命真的很神奇！

成长密码

等待蛋宝宝变成小生命的过程是漫长的，孩子们每一天都充满了期待，就像妈妈期待自己的宝宝出生一样。对孩子们来说，每一个鸡蛋就是一个惊喜，它们看似相同，却又都是独一无二的个体。当孩子们把鸡蛋握在手里，他们会小心翼翼、爱护有加，会像妈妈对宝宝一样，这不正体现他们对生命的尊重和爱护。

"如果你有一个属于自己的蛋宝宝，你会怎么做？"

"我会好好保护它。"

"我会把它放在手里，让它暖暖的。"

于是，一场护蛋行动就这样开始了。孩子们每天都和蛋宝宝一起入园，一起游戏。看书、吃饭、睡觉时，随时都能看到、感受他们对蛋宝宝小心翼翼的保护。这一个个的小家伙，也是最需要别人照顾的年纪，却能像爸爸妈妈一样，对蛋宝宝关怀备至，充满期待，甚至爱上了来幼儿园的每一天。

（刘晨露老师）

原来，生命的教育、爱的教育并没有我们想象的那么抽象，只是需要一个恰当的契机，需要一次特殊的体验。几天的体验中，有些蛋宝宝意外地"死"了，孩子们有些伤心，却也在此过程中学会如何更好地保护自己的蛋宝宝，了解胚胎发育需要很多条件的支持，从而更加懂得珍惜生命。

（雷雷妈妈）

我给小鸡起名字 📍

这只小鸡的破壳而出让小朋友们的兴奋达到了顶点，我们为小鸡组织了"破壳日"的庆祝活动，小朋友们忙得不可开交。在这个过程中，他们充分享受着照顾生命的喜悦，也感受着生命慢慢成长的快乐和惊喜。

一天早饭后，小朋友们围在一起看鸡宝宝，可乐忽然说："我们给小鸡起个名字吧！"

于是，一场关于名字的大讨论就这样开始了。

熙熙："老师，老师，我想叫它咕噜球，我觉得它的身体圆溜溜的。"

滔滔："我想叫它嘎嘎。"

桐桐："嘎嘎是鸭子的名字，小鸡应该叫叽叽。"

晓晓："花仙子我觉得也不错。"

老师："为什么起这个名字呢？"

沛沛："老师，我想给她叫皮皮。"

一一："叫咚咚，它啄壳的时候'咚咚咚'的。"

最终，通过小朋友们的投票，小鸡拥有了属于自己的名字——"咕噜球"。

咕噜球的到来让整个幼儿园热闹起来，它成了全园小朋友们的小明星、显眼包。每个班的小朋友都来围观咕噜球，给它送礼物、送祝福，看它喝水、吃饭，听它"叽叽叽"地叫……

不仅如此，咕噜球也成了家长群里的热议话题。

在农村养鸡、养鸭的家长听到孩子回家聊咕噜球，给我发信息：

"露露老师，我家有小鸡和小鸭专门吃的开口食，我下班了给咕噜球送一些吧！"

"露露老师，我家有些玩具，不知道咕噜球喜不喜欢。"

就连已经毕业上小学的孩子们也从我们的微信公众号知道了这个消息："露露老师，我从微信上看到咕噜球了，我放学了能来看看咕噜球吗？"

"咕噜球，希望你健康成长，这是我送给你的爱心卡。"

随着咕噜球的热度，我们也开展了很多主题活动——"名字的秘密""送给咕噜球的礼物""我和咕噜球做朋友"。

"咕噜球"有家了 📍

嘉峪关的春天忽冷忽热，小朋友们对"咕噜球"的关心随着天气的变化，内心忐忑不安。

小懿："老师，我看育雏箱里的小灯泡已经要热死小鸡啦。"

阳阳："老师你看，咕噜球的身体都长大了。"

笑笑："对呀，我看见它快要碰到小灯泡了。"

小懿："感觉咕噜球好热。"

可乐："老师老师，你快来摸摸这里，好热。"

老师："那我们应该怎么办呢？"

顶顶："给它换个新房子不就可以了。"

豆豆："小鸡会住什么样的房子呢？"

皓皓："我觉得是茅草屋。"

于是，小朋友们成了小小设计师，教室里的所有材料都成了他们的建筑材料。就这样，咕噜球有了各种各样的家。

咕噜球在小朋友们的关心和照顾下一天天长大。

天气暖和了，我们给长大的咕噜球搬了家，把它放进门房爷爷给咕噜球修建的大房子里。小朋友们离园后，由值夜班的门房爷爷照顾咕噜球。

咕噜球，无论你在哪里，我们都惦记着你，希望你越长越大。

再见了，咕噜球 📍

这一天，早晨刚上班，门房爷爷的神情让我不禁紧张起来，果然，坏消息还是来了。原来在昨天晚上，一只从幼儿园围墙钻进来的野猫叼走了咕噜球，难过的我不知道怎么把这个事实告诉孩子们。一会儿，孩子们陆续入园了，一个、两个、三个……直到雷雷小朋友问我："老师，我们的咕噜球怎么没有了？它是不是丢了？"

我没有开口，我不知道该以什么样的方式把这个事实告诉他们。吃完早饭后，我将孩子们组织在咕噜球的家旁边，把昨晚的事情如实地讲给了他们。听到这个消息，孩子们伤心极了，号啕大哭的、默默流泪的、生气难过的……

"老师，我想找到大野猫，我要问问它为什么叼走我们的咕噜球。"

"老师，我们再也见不到咕噜球了。"

"老师，咕噜球多可怜啊。"

……

孩子们，自然界有自己的生存

法则，有些意外是我们无法预料的，我们跟咕噜球做个最后的告别吧！看着被撕扯扭曲的笼子，孩子们向咕噜球做了最后的告别。

"咕噜球，我们会想你的。"

"咕噜球，希望你永远开心。"

"咕噜球，你可以变成星星来看我吗？"

孩子们的告别让人心碎，我想真心的告别一直都是如此的催人泪下。回到教室，孩子们将最想送给咕噜球的礼物画了下来，我们将永远珍藏。

成长密码

我在努力长大之"告别"

一本《小鸟的葬礼》图画书中，同样讲述了一个关于生命的美好故事。书中，孩子们有仪式感地对待一只死去的鸟，让我想起班里的孩子们对待"咕噜球"也是一样的。孩子们精心地装饰着告别礼物，这就是发自内心的对生命的尊重。

（杨丽萍老师）

我在努力长大之"安全"

幼儿安全教育的核心就是要多关爱孩子的心理健康，要对孩子进行生命课程的教育。孩子需从小就知道生命的意义，懂得感恩生命，敬畏生命，尊重生命。

（刘晨露老师）

我在努力长大之"面对"

关于生命，有迎接，也有告别，当我们不得不面对生命的离去时，我们也要给予孩子勇敢面对"生命离去"的勇气和力量。

（柚柚妈妈）

　　悄悄告诉你，因为我看了一本"南瓜怪"的故事，所以在摘南瓜的时候，我有一点儿害怕，万一"南瓜怪"藏在小菜园里怎么办……

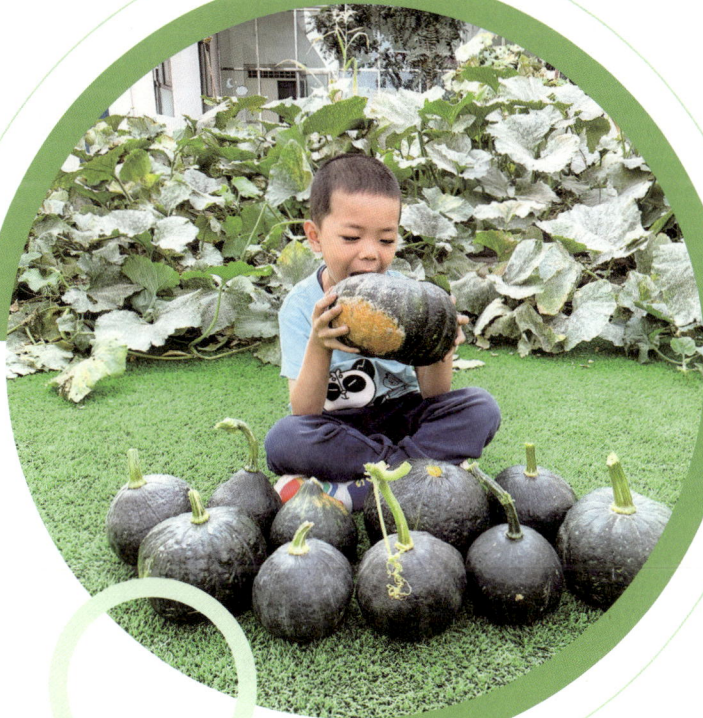

寻找南瓜之旅 📍

　　幼儿园里有一片小菜园，每年都会带给小朋友们很多惊喜。秋季开学了，小朋友们在教室里讨论了起来。

　　晨晨："小菜园里的蔬菜长得怎么样了？"

　　阳阳："向日葵有没有开花长出瓜子？"

　　萱萱："菜地里的南瓜有没有长出来？"

　　航航："这个假期不知道有没有人给蔬菜浇水？菜宝宝会不会渴死了？"

　　面对小朋友们的问题，午餐后的散步时间，我决定和他们一起去小菜园看看。

　　老师："天哪！小菜园里长满了大大的叶子，这是什么呢？"

　　欣茹："老师！我看到啦！大大的叶子下面有一个南瓜！"

　　小朋友们纷纷围了过去，原来这些大大的叶子是南瓜叶……

　　石榴大喊道："快看，南瓜叶旁边有一圈一圈的小弹簧（藤蔓）。"

　　七七："老师，我发现了一个南瓜就藏在叶子底下。"

　　佳诺："我觉得南瓜在和我们玩捉迷藏呢！它怕我们发现它！"

　　云溪："南瓜应该还没有成熟吧？妈妈买回家的南瓜比这个大，还是橘色的呢！"

　　菲菲："橘色的南瓜我也见过，可为什么小菜园里的是绿色的？它长大后会变颜色吗？"

整个上午，小朋友们都在讨论着和南瓜有关的故事……

大大的叶子下面藏着一个南瓜！

哇！南瓜长在了葡萄藤上。

南瓜大调查

早饭时间，小朋友们吃到了南瓜做成的"黄金饼"。

雨彤："老师，今天吃的'黄金饼'是用南瓜做成的吗？"

佳诺："是小菜园里我们种的南瓜吗？可是上一次去看的时候，南瓜好像还没有成熟呢！"

石榴："怎样才能知道南瓜有没有成熟呢？"

二妮："我们还在幼儿园吃过蒸南瓜，你们忘记了吗？"

桐桐："我妈妈还给我做过南瓜粥。"

雨菲："南瓜还能做成什么好吃的呢？所有的南瓜都是圆圆的、扁扁的吗？"

于是，小朋友们开启了"南瓜大调查"，带着这些问题回家和爸爸妈妈一起寻找答案。

兴宇："妈妈告诉我，南瓜籽就藏在南瓜的肚子里。"

豆豆："我从书上看到，有人把南瓜做成南瓜灯，我也好想尝试做一下。"

第二天入园，小朋友们迫不及待地想分享自己的调查结果。

二妮："南瓜不光有绿色的，还有黄色的、橘色的、白色的，就像西红柿有红色、黄色一样，因为它们是不同的品种。"

若晗："南瓜可以做成南瓜饼，还能做成南瓜比萨。"

一诺："奶奶说多吃南瓜对身体好。"

成长密码

南瓜，一种再熟悉不过的蔬菜，可在孩子眼里，却装满了秘密。在和孩子一起了解南瓜的过程中，我才发现，原来南瓜在孩子看来，是那么有趣。它为什么是圆的？为什么皮和果肉的颜色不一样？种子为什么不像西瓜一样在果肉里，而是在中间？它为什么叫南瓜，而不叫其他什么瓜……这些问题，让我惊叹孩子的脑袋里装满了对这个世界的好奇与热爱！

（晗晗妈妈）

摘南瓜

接下来的日子，小朋友们每天都会去菜地里看南瓜，不知不觉也发现了关于南瓜更多的秘密。

奕博："为什么有些南瓜叶子是黄色的？"

师禹："南瓜茎上有好多小刺，有点扎手！"

琪琪："南瓜的花是黄色的。"

彤彤："南瓜叶子上面有一层白色的小虫子，它们会吃南瓜吗？"

南瓜终于成熟了，我和小朋友们迫不及待地想把南瓜摘回来。但是，难题也来了，采摘南瓜需要做什么准备呢？

轩轩："我们要带上剪刀，用剪刀去剪南瓜的藤，也可以清理南瓜的叶子，这样会更快。"

烁烁："还要戴上手套，不然南瓜藤上的刺会扎手，我们要保护好自己。"

宸宸："还要准备一个大大的筐，摘下来的南瓜就可以放在筐里拿回来。"

石榴："要轻轻地拿开南瓜叶子，这样叶子上的小虫子就不会飞起来爬到我们身上了。"

沐枫："我还想要去邀请大魏老

师和我们一起摘，因为种南瓜的时候她也在，我想和她分享南瓜。"

不知不觉我发现，之前小朋友们知道的有关南瓜的"秘密"都派上用场了。

一切准备就绪，我们来到了黄豆豆班，邀请了大魏老师和小班弟弟妹妹们一起来到了小菜园，采摘活动开始啦！

"用小剪刀，咔嚓一下，南瓜就下来了。"

"使劲一拔，南瓜就下来了。"

成长密码

小朋友们在生活中的种种发现，都会成为他们学习成长中的经验。我要做的就是给予恰当的引导，将其发掘出来，用以解决他们在未来成长中遇到的种种"小麻烦"，这才是孩子真正的成长。

(何继彤老师)

量南瓜 📍

采摘下来的南瓜被小朋友们搬回了教室，看着被放在一起的南瓜，小朋友们又有了新的问题……

宸宸："老师，这个南瓜好大，那几个看上去都没有我的大。"

浩辰："老师，快来帮帮我，我拿不动啦！"

云溪："你看，我拿的这个南瓜比你的大。"

彤彤："我拿的这个南瓜它不是圆圆的，我也不知道你的大，还是我的大。"

萱萱："我感觉我们俩拿的南瓜一样大。"

一场关于南瓜大小的辩论赛在教室里拉开了帷幕。

佳诺："我拿了一下这个南瓜，又拿了一下另外一个，那个重的我拿不动就是大的。"

二妮："有可能是你的力气太小了，拿第一个南瓜的时候用完了，所以拿不动第二个。"

欣茹："这两个南瓜的形状不一样，我觉得那个像葫芦形状的南瓜大一些。"

究竟哪个南瓜最大？哪个南瓜最小呢？我决定让小朋友们在教室里自己寻找可以用来测量的工具。意想不到的是，毛线绳、发箍上长长的装饰、丝带、软尺、直尺都变成了他们手中的工具。

准备就绪，开始测量南瓜啦！

成长密码

我在一个高高的柜子里发现了一把长长的尺子，在量南瓜的时候，用那种硬的尺子量不出来，要用软的，可以把南瓜包起来的那种工具。

（皓源小朋友）

我是拿了一个白色的、卷卷的，一按就会收回盒子里的卷尺量的。然后用一个马克笔，在起点画上一横，把另外一头抓过来，把南瓜围起来，让卷尺的一头放在标记上，看一看刻度，就能知道有多长了。我还用了跳绳，跳绳上面有一节一节的塑料，然后把跳绳卷在南瓜上，数一数用了多少个塑料节，南瓜就是多长。丝带测量的时候也是这样的，我先在上面给它画上了刻度，然后再画上起点，起点的刻度是最大的，之后在南瓜上绕一圈，在结尾的地方再画一根竖线，在竖线中间画一横，这个"横"就是南瓜的大小。

（旭航小朋友）

肚子里的秘密 📍

午睡起来，小朋友们吃着甜甜的西瓜，却又开始讨论起了南瓜。

若涵："西瓜的种子是黑黑的，藏在肚子里，那南瓜的种子在哪里呢？"

静文："在南瓜的肚子里吧，可是，南瓜的肚子里都有些什么？"

麦岐："西瓜里面是红色的，南瓜里面是什么颜色的我不知道！"

为了找到答案，我们决定切开南瓜一起看看里面究竟藏着什么。

小苹果："哇！南瓜的肚子像山洞一样！"

浩霖："我闻到了甜甜的味道！"

若晗："南瓜的里面有小种子，有点像小水滴。"

婧文："南瓜里面有像蜘蛛网一样的瓜瓤。"

阳阳："南瓜里面的瓤和南瓜籽像停车场一样，南瓜瓤是线，南瓜籽就是停在里面的小汽车。"

灏宸："我发现南瓜切开以后，那个黄色的摸起来滑溜溜的。"

翊恒："我发现南瓜有很多层。"

看一看、闻一闻、摸一摸，此时南瓜的样子深深地印刻在了小朋友们的心里。

成长密码

　　我听过了，我就忘了；我看见了，我就记得了；我做过了，我就理解了。作为老师要尊重孩子的需求，为他们创设多元化的成长环境，让孩子们通过亲身体验、感知世界，引导孩子去模仿、感知、探究，不断积累经验，逐步建构属于自己的成长认识。

（何继彤老师）

春种、夏长、秋收、冬藏 📍

　　小朋友们在南瓜肚子里发现了南瓜籽，南瓜籽可以用来干什么呢？

　　十月："可以当种子，放在土里发芽，明年就能收获更多数不清的南瓜了。"

　　梓涵："南瓜籽可以做成画。"

　　葫芦："把它晒到外面，这样就有瓜子吃了。"

　　于是，小朋友们开始分工合作……

　　第一步：掏出瓜籽。

　　第二步：分离瓜籽与瓜瓤。

第三步：清洗瓜籽。

航航："老师！我的南瓜籽上还有很多黄色的东西，弄不掉怎么办呀？"小朋友的疑问引起其他小伙伴的好奇，大家纷纷涌上来看他手里的南瓜籽，并给他一些意见。

若涵："我用纸来擦一擦就干净了。"

云溪："我把它放在水里洗一洗就行！"

最终，小朋友们都用自己认为最合适的方式将南瓜籽洗干净了。

第四步：晾晒。

南瓜籽清洗好了，小朋友们找来了网筛，将瓜子均匀地铺好，进行晾晒。

经过阳光和时间的洗礼，南瓜籽终于晒好了，小朋友们拿起晒干的南瓜子一边闻一边看。

兴宇："闻起来有阳光的味道。"

宸宸："我怎么感觉南瓜籽变轻了，变少了。"

航航："我想把南瓜籽带回家种，看看换个地方能不能种出南瓜。"

佳诺："我想在小菜园里再种一次南瓜，邀请幼儿园的所有小朋友都来我们班体验一下。"

思雨："我想把它变成瓜子……"

最后，我们按照小朋友们提出的意见，决定将晾晒好的南瓜种子分成两份，一份用来尝试再次种植，一份储藏。

「南」得遇见你

107

第六步：种植、储藏。

为了确保南瓜种子能够顺利发芽，首先，挑选饱满的南瓜籽作为种子。然后，将南瓜籽底部剪出一个小口，以促进其发芽。最后，制作一个适合种子发芽的温室环境。

温室制作完成！我和小朋友们耐心地等待着"奇迹"的发生！

该怎样进行南瓜籽的储藏呢？怎样分配呢？如何才能正确地找到自己的那一份种子呢？许多难题摆在面前，但最终都被小朋友们逐一解决。他们找来了密封袋，将南瓜种子按数量进行分配，最后在自己的包装袋上设计花纹。

成长密码

一粒种子，从被发现到被珍藏，每一步都深深体现了老师的支持与儿童的成长。生活即教育，在南瓜活动中体现得淋漓尽致。通过这些活动，我们鼓励孩子们保持好奇心，培养探索精神，专注认真地投入，勇敢积极地面对挑战，以及保持自信和乐观的态度。这些正是教育最为理想的成果。

（萱萱妈妈）

南瓜与美食 📍

切开的南瓜，要怎么办呢？直接被扔掉也太可惜了吧。小朋友们决定将它们送到食堂，请食堂的叔叔阿姨帮忙把它们变成美食！

"这个南瓜真甜呀！好好吃！"

午点的时候，小朋友们一边品尝着南瓜，一边小声地议论起来："南瓜还可以变成什么样的美食呢？"

多多："南瓜可以跟面和在一起，变成南瓜面。"

妍妍："南瓜可以做成美味的南瓜饼。"

十月："可以做成甜甜的南瓜粥。"

雪宝："可以做成南瓜蜂蜜和南瓜派！"

顺顺："可以加工成南瓜饺子。"

潇文："可以做成南瓜甜甜圈。"

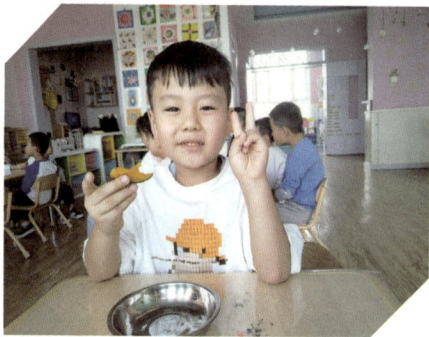

子熙："可以尝试把它做成南瓜蛋糕。"

正正："可以把南瓜榨成南瓜汁来喝。"

于是，小朋友们决定将想到的美食全部记录下来。

成长密码

　　儿童的发展不仅需要班级老师的协助，还需要幼儿园其他成员的通力协作。园长妈妈、办公室老师、保育老师和食堂工作人员都是儿童探索发现道路上的促进者。在食堂工作人员的大力配合下，孩子们的成就感被无限放大。

（魏文煜老师）

南瓜大变身 📍

"南瓜除了可以用来做成美食，还可以用来干什么呢？""我们的生活中哪里还有南瓜呢？"小朋友们在饭后聊了起来……

宸宸："南瓜还可以用来做成南瓜灯，我在电视上看过。"

萱萱："南瓜——嗯——，可以用彩泥做一个南瓜。"

二妮："我们可以画南瓜画。"

沐风："可以在南瓜上画画。"

小朋友们决定去寻求帮助。接下来，我为他们提供了丰富的材料。

辰辰："我要用彩泥做一棵故事里那样的南瓜树，再做一个机器人！"

欧阳："我要做一件漂亮的南瓜衣服。"

思语："我想把小朋友们在菜园里摘南瓜的样子画下来。"

就这样，南瓜和艺术完美地结合了起来。

成长密码

彩虹有七种颜色，我想把彩虹的颜色放在每一瓣南瓜上。

南瓜上有条纹线，还有白色的点点，让我想到了云朵。哦！那个南瓜上的圈是火车轨道，我想在南瓜上建一个轨道让火车跑。

（陈冠儒小朋友）

我喜欢小花，所以，我把喜欢的小花画在南瓜上面，我好像能闻到花的香味儿，它应该能引来很多蜜蜂。

（王轩瑾小朋友）

我觉得这个南瓜像个大西瓜，绿绿的颜色让我想到小花、小草，还有蝴蝶，我想把整个小花园画在南瓜上。

（唐梓涵小朋友）

我是小小传承人

　　为儿童提供更多的线索和空间，让有意思的、独特的体验在追随儿童的过程中自然而然地发生，这就是向美而行的遇见。

"哇"时刻……📍

"哇，这也太美了吧！"

"什么美？什么美？我看！"

在云上博物馆参观的过程中，小朋友们被一件件国宝丝织品深深地吸引。

妍妍："这些衣服上的花好美呀，我好想穿！"

雪宝："快看，快看，这是龙。"

小冠："胡老师，我发现这些衣服上的花纹都是有规律的，就像你给我们欣赏的马家窑彩陶上的花纹一样。"

禹禹："你们快看，我有新发现，这个花纹和教室里陶瓷杯上的花纹有点像，有花和叶子，还有鸟。"

十月："今天，我穿的衣服上也有很多花纹。"

湉湉："我看见教室的墙纸上也有很多花纹。"

老师："对，我们的生活离不开纹样，一旦少了纹样的点缀，会怎么样呢？现在请小朋友把眼睛闭起来，我要变魔术啦。"

于是，我利用信息技术的擦除功能，把原本漂亮的陶瓷罐、丝织品上的花纹全部擦除，再请小朋友们观察。

雪松："花纹没有了，这个罐子怎么感觉这么奇怪。"

一诺："这条裙子也没有刚才那么漂亮了。"

雨泽："没有了花纹，感觉这些宝贝就不像宝贝了。"

妍妍："老师，快把花纹变出来吧！"

糖果："哇，花纹出来了！"

老师："现在看起来怎么样？"

顺顺："变回来了，又变漂亮了。"

轩轩："它们又像宝贝了！"

浩霖："太神奇了！"

十月："原来花纹这么重要，如果我的这条裙子也没有花纹，我肯定不会喜欢的。"

乐乐："快看，我们餐厅的椅子上也有花纹。"

成长密码

在不经意间，我捕捉到小朋友们的"哇"时刻，脑海里突然出现了《3~6岁儿童学习与发展指南》中提到的"成人要善于发现和保护孩子的好奇心。"于是，在孩子们的各种惊叹声中，我用"变魔术"的形式把花纹抹去，让小朋友们去感受有无花纹的前后变化，没想到，小朋友们如此感兴趣。就这样，一场关于纹样之旅的游戏开始了……

（胡永凤老师）

寻纹记 📍

在区域自主游戏活动中，小朋友们玩得正起劲，突然有一个声音传来："湉湉，你快来看，我发现这个垫子上也有漂亮的花纹。"雪宝着急地说。

顺顺："是什么花纹？我也看看。"

泽泽："有漂亮的花朵，花朵变成了一个大大的圆。"

湉湉："这些花朵一模一样，而且还手拉着手，像是在跳舞。"

浩阳："快看，我在花盆上也发现了花纹。"

子航："老师，我有一个好主意！我们可以进行一场找纹样比赛，看谁

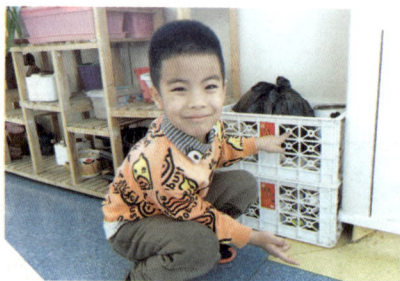

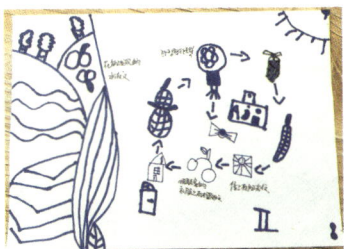

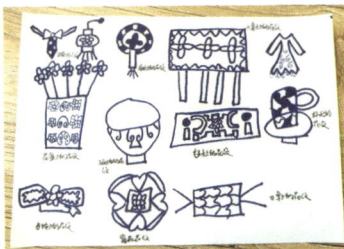

发现的纹样最多！"

儒儒："这是个好主意，那就开始吧！"

小朋友们乐此不疲，瞬间变成了火眼金睛的孙悟空，开启了寻找纹样模式。他们不放过幼儿园的每一个角落，认真专注地探索、寻找。

寻找结束后，小朋友们拿着记录卡，开心地和同伴们分享自己的发现。

糖果："我在花盆上找到了一圈一圈的水波纹，就像一个大旋涡。"

糖糖："我在扇子上发现了荷花的纹样。"

正正："小朋友穿的衣服上有樱桃纹。"

平平："信封上有阳光纹。"

雪宝："我发现生活中到处都是纹样，窗户上、女孩的发卡上、桌布上、床单上、窗帘上……全都有。"

顺顺："哇，花纹在我们的生活中太重要了，它能让我们的生活变得五彩缤纷。"

成长密码

　　每个幼儿心里都有一颗美的种子。在游戏中，通过创造条件和机会，引导小朋友们从同伴的穿着、教室、走廊，以及幼儿园的每一个角落中去寻找不同的纹样。他们在寻找中对纹样艺术有了更深的了解，并获得了许多关于纹样的新经验。对成人来说容易被忽略的一角，在小朋友们的眼中却可以展开成一个世界。在今后，我将继续为孩子们提供机会，让他们在大自然和社会文化中萌发对美的感受和体验，丰富他们的想象力和创造力。

（胡永凤老师）

赏纹记 ◎

随着小朋友们的探索，一本书悄悄地走进了我们的教室……

朵朵："老师你看，这本书上有好多纹样，这也太漂亮了，还有像中国结一样的花纹。"

平平："有树枝纹样！"

帅帅："还有八角星纹样！"

师禹："生活中有这么多的纹样，每一个都是不一样的。我看到有鱼的花纹，有九色鹿的花纹，还有云朵的花纹……"

老师："今年的春节联欢晚会上，有一个传统纹样创意表演，叫《年锦》。设计者精心挑选了历代数百种纹样中的二十款，精心组织了汉朝、唐朝、宋朝和明朝四个不同朝代的服装，我们一起来欣赏。"

我和小朋友们一起重温了《年锦》。那绚丽的服饰、精致的花纹，让他们忍不住发出惊叹声，同时，也激发了他们更大的兴趣。小朋友们围在屏幕前，细数花纹，猜测花纹的名称。

随着活动不断延伸，小朋友们对纹样的兴趣也越来越浓厚，散步时、进餐时、游戏时、看书时和亲子时光时，他们总能发现生活中各种各样的花纹。于是，大家收集艺术品、生活用品、书籍、服饰等有中国传统纹样特色的物品一起欣赏，深入了解每一个花纹，感受每一个花纹的美丽。

说纹样 ◉

子航："老师，昨天晚上妈妈给我讲了一个《凤穿牡丹》的故事。凤穿牡丹就是我们中国的纹样，我想讲给小朋友们听一听。"

淇淇："凤穿牡丹？快给我们讲一讲。"

子航："在古代的传说中，凤凰是鸟中之王，牡丹花为花中之王，凤凰和牡丹代表着吉祥、富贵。凤凰和牡丹花组合在一起，就代表美好和幸福的事情。我和妈妈还从网上欣赏了很多'凤穿牡丹'的纹样作品。"

佳佳："我知道，我知道，我妈妈就有一条古代人穿的裙子，上面的花纹都是凤凰，妈妈说凤凰是一种神鸟，代表着吉祥如意。"

雪宝："我们家的礼盒上有纹样，它代表着祝福。"

妍妍："我的衣服上有纹样，妈妈说一看这个纹样就知道这是傣族小朋友的服装。"

平平："书上有龙纹，爸爸说它能让我们知道古时候的故事。"

苹果："纹样也有一些动物，比如说小鱼的纹样、青蛙的纹样。"

十月："我发现纹样是重复的，你看这些纹样都是很简单的，然后一直在重复……"

随着小朋友们的探究，纹样的秘密也在一步步地被揭开。他们根据自己的发现、经验共享、观察讨论，进行了总结：有的纹样是按照一定的规律排列的，有的纹样代表祝福，有的纹样代表一个故事。

惜惜："纹样能给人带来快乐和幸福，我也想画一画，送给妈妈。"

苹果："我想在杯子上创作纹样。"

轩轩："盘子上也可以创作呀！我们班就有很多的小盘子。"

泽泽："我想把我找到的纹样都画下来。"

就这样，创作专属纹样的活动拉开了序幕！

成长密码

　　每一种中国的纹样都是一段优美的旋律，铭刻着中国传统纹样的特色美，每种纹样会有无数的变化，同样也为我们带来不同的故事。文化无限，传承有道，让传统文化的种子进入孩子心中，通过童真的视角，让种子生根发芽，一同去见证和守护民族文化的美好，让每个孩子在参与和体验中，提升民族自豪感。

（何继彤老师）

绘纹记

为了更好地支持小朋友们对纹样艺术的探索，我及时投放丰富的操作材料，让他们借助工具，尝试用不同的方式进行纹样创作。

十月："有了工具的帮助，我创作的纹样更加漂亮了。"

糖糖："拓印工具成了我的好帮手。"

苹果："在拓印纹样的时候，我从模板上看到每一个纹样的最中间都有一个小点，围着最中间的点，纹样手拉手，一圈一圈，越变越大，越变越多。"

曦唯："我最喜欢描绘纹样。"

优优："老师，把我画的纹样拍下来，发到家长群里，我想让妈妈看到我的作品。"

通过纹样初创体验，小朋友们也了解了什么是二方连续图案、四方连续图案，感知、体验了规律美和对称美。

成长密码

  你永远可以相信孩子们的创造力，可以相信传统文化对于孩子们的吸引力。当一幅幅作品呈现的时候，当孩子们骄傲地看着你的时候，除了感动，更多的是一种文化自信和民族认同感！

（何继彤老师）

由马家窑彩陶引发的纹样日记 📍

说"纹"之旅每天都在继续……

雨泽又有新的发现："我们家的陶瓷盘子上也有纹样，有树叶纹和八角星纹。妈妈说这是我们家最珍贵的盘子，只有在过年的时候才拿出来用，会在里面装上美味的食物，这可是我们家的宝贝。"

正正："你们家的盘子像马家窑彩陶一样都是国宝呀。"

雨泽："那当然啦！"

同时，小朋友们也有新的疑问。

苹果："马家窑彩陶上的花纹代表什么？是要告诉我们什么吗？"

追随小朋友们的兴趣，继续探索，我们一起走进了马家窑彩陶的故事。

通过马家窑彩陶的欣赏和绘画，我支持小朋友们进一步探索马家窑彩陶纹样的种类，以及不同纹样想要表达的内容。小朋友们从中了解：原来很多纹样都来自古人的日常生活和对自然界的观察。

冠儒："马家窑彩陶上的花纹记录的都是古时候人们的生活。"

糖果："他们把跳舞的样子画在了盆上面，变成了跳舞纹。"

琪琪："马家窑彩陶上的花纹还有水，有的是波浪纹，有的是螺旋纹，就像水里的漩涡一样。"

睿睿："老师，我们也可以学一学古人的方法，把我们开心的事情画下来，变成一个纹样。"

轩轩："还可以把我们喜欢的食物也变成花纹。"

多多："还有我最喜欢的颜色和好朋友。"

雨泽："我最喜欢的就是下围棋，我要把棋盘变成我喜欢的纹样，画在妈妈最喜欢的包上，就像我陪伴着妈妈。"

于是，小朋友们便开启了自己的专属纹样设计，将自己见到的景色、经历的事情、喜欢的事物、爱吃的食物、快乐的心情以及生活中的点滴用图案进行记录，然后把它转换成纹样。就这样，小朋友们的纹样日记诞生了。

纹样日记

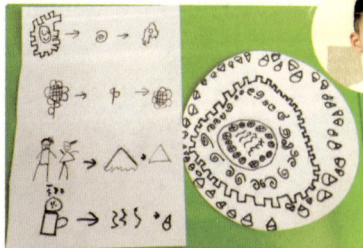

1. 夏天的太阳很热，晒得我有点头晕，我快要变成煎鸡蛋了。
2. 但是，我还是很喜欢夏天，因为夏天有很多漂亮的花，看到漂亮的花我的心情很美好。
3. 我最开心的一件事就是和好朋友去冲浪、爬山。
4. 我姥爷很爱喝茶，姥爷喝的茶很烫，拿起杯盖的时候还有小水滴落下来，很好玩。

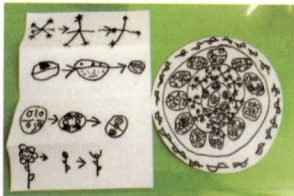

成长密码

　　我有一件漂亮的汉服，我从电视上看到，穿汉服的时候，手里都要拿扇子。今天，我专门问老师要了一把扇子，在扇子上创作了纹样，这把扇子就可以搭配我的汉服了，真是太高兴了，我回家就要穿上！

（十月小朋友）

　　通过这个课程，我发现我家妍妍对纹样的兴趣十分高涨。我家客厅里有一块地毯，她以前只是趴在地毯上玩玩具，但是昨天晚上，她趴在地毯上研究了半天，然后像发现新大陆一样，惊喜地问我："妈妈，这个地毯的纹样是祥云的，你知道这是什么意思吗？"我和她爸爸都摇摇头。妍妍兴奋地说："祥云纹样代表吉祥如意！我们家要吉祥如意！"我和她爸爸听后非常感动！我们知道，老师最近在引导孩子们探索不同的纹样，但我们没有意识到这个活动已经深深影响了妍妍的心灵。

（妍妍妈妈）

　　每一个孩子的纹样创作都是独一无二的，有色彩斑斓的星空灯纹样、有活泼可爱的舞蹈纹、有翩翩起舞的蝴蝶纹、有五颜六色的鲜花纹……我的作用就是把他们的潜能激发出来，引导他们能够自主学习、自由创作！

（何继彤老师）

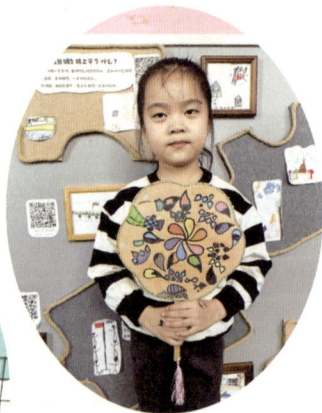

屋顶上的中国美"瓦当" 📍

　　小朋友们的每一个纹样创作都有属于自己的专属故事。纹样的故事还没有结束，关于美的发现和探索还在继续。

　　糖果："老师，周末我和妈妈去城楼，发现城楼的建筑上也有很多纹样。有一个建筑顶上，有很多圆形的东西，上面有纹样。我和妈妈用手机查了一下，知道了这个叫'瓦当'，瓦当上面也有纹样。"

　　米粒："什么是瓦当？"

　　雨泽："我也想知道瓦当长什么样？"

　　老师："瓦当？我也没见过，我们一起了解一下。"

　　根据小朋友们的兴趣点，我们组织了认识瓦当的活动，活动以小朋友们熟悉的嘉峪关关城古建筑为主。在活动中，小朋友们认识了朱雀、白虎、青龙、玄武等具有代表性的瓦当花纹图案。他们回家后，和爸爸妈妈分享了自己的收获，在爸爸妈妈的助力下，他们又对瓦当的作用和其中蕴含的历史文化有了新的探索。

　　浩霖："瓦当有圆形的，还有扇形的。"

　　冠儒："瓦当有很大的作用，是用来排雨水的。"

　　睿睿："瓦当上面还有人面纹"。

　　禹禹："只有古老的房子上才有瓦当。"

　　妍妍："我看到了刻着九色鹿图案的瓦当。"

　　雪宝："莲花纹瓦当上面有各种莲花的图案，很漂亮。"

朵朵："我知道莲花就是荷花，我妈妈给我讲过。"

老师："原来小朋友们知道了这么多有关瓦当的故事，今天，老师也带来了一个小礼物，是什么呢？"

平平："你看，瓦当上的花纹有点像孙悟空的紧箍咒。"

在一番交流后，小朋友们对瓦当上面的花纹，越来越感兴趣。兴趣是最好的老师，我们决定带着小朋友们一起体验和感受瓦当艺术美的特点，一起动手操作，把瓦当的纹样美拓印出来。

小苹果："快看快看，我的花纹印出来了！"

睿睿："哇，我们也太了不起了！"

萌萌："配上老师为我们装饰的彩灯，我感觉作品就像在宫殿里一样闪耀！快拍照，快拍照！"

冠儒："老师，我们像艺术家吗？"

老师："你们不像艺术家，你们就是艺术家！"

成长密码

艺术，表面是形象，背面是情感。

艺术一直被认为是一种充满激情和表现力的消遣。

这也适用于孩子，

尽管其方式不同于成年人，

但可以看出，孩子们眼中创作的作品是有生命力的。

每个孩子都有天马行空的想象，

我想这就是艺术和传统文化结合的魅力吧！

课程并不会因为活动的结束而终结，而是会渗透幼儿一日生活的方方面面。随着2024年中央电视台春节联欢晚会《年锦》的惊艳亮相，我们再一次感受了文化自信，同时，也让我们的课程有了新的思路。在国风盛行的当下，我们将在"基于儿童的视角"的理念下，解读中国纹样，让传统变时尚，让美融入日常，将国潮文化、东方之美进行传承。

（胡永凤老师）

向全世界介绍中国皮影戏

光和影子是一对好朋友，有光的地方就会有影子。光影是我们生活中不可缺少的一部分，就如同孩子们的好朋友一样，时时刻刻陪伴着他们。围绕孩子们的兴趣，一场关于光影的探究活动拉开了序幕……

哇！真的有影子 📍

一束光，一个影，就是一段皮影的开始。

今天的区域游戏中，我和小朋友们一起看了一段皮影戏！幕布上人物形象的一举一动都牵动着他们的心。从此，皮影正式走进小朋友们的世界。

暖暖："老师，看皮影戏的时候感觉有点像在看一种古老的电影，太精彩了！"

一一："我发现这种电影需要一个很大很大的灯。"

昊昊："为什么演员可以一只手操作好几根棍子？"

尧尧："为什么隔着布都能看见？"

子涵："我看见的是黑黑的。屏幕上黑黑的是什么呢？"

老师："黑黑的是什么呢？"

予晞："是影子。"

允儿："哦，我明白了，这就是用影子逗人乐的，哈哈哈！"

于是，光和影就像带着魔力似的吸引了小朋友们的注意力。

老师："影子是怎样出来的呢？影子会消失吗？"

小朋友们："影子的秘密是后面的灯，灯关了，影子就消失了。"

老师："原来，影子和光有关。当灯再一次打开时，皮影就有了影子。我有影子，你有影子，玩具有影子，桌子有影子，椅子有影子，影子无处不在，它们就在大家身边。"

影子保卫战 📍

　　我们一起去操场上找影子。小朋友们不停地奔跑，影子也随之快速移动，一场"影子保卫战"就此打响。起初，跑是小朋友们守卫影子的办法，后来，他们发现每当跑到阴凉处时，影子就不见了。于是，影子保卫战的最强战术就出现了。

　　新的方法让双方很难分出胜负，于是，小朋友们带着遗憾回到了教室。一次偶然的机会，小朋友们在科学室摆弄着手电筒。

　　蕊蕊大声叫道："手电筒照射在暖暖的身上，影子又回来了。"

　　真的回来了，这真的是一个伟大的发现。

　　于是，一个神奇的发现又解决了游戏中的难点，将游戏推向了新的高潮。小朋友们你追我赶，快乐地在教室里奔跑。

成长密码

　　孩子是天生的探索家，我们一起在宽松的氛围中去遇见"光"、玩转"光"、探觅"光"。在这个过程中，激发了孩子们认识"光"、探索"光"的兴趣和欲望，让他们通过直接感知、实际操作和亲身体验，用周边触手可及的物体，甚至自己的身体作为感知工具。孩子们在探索的过程中发现，虽然我们不能控制太阳，但我们可以控制物体和灯光，从中感受关于光和影的更多秘密。

（顾玉娇老师）

探索光与影 📍

新的发现是更多发现的开始，寻找"生活中的光"就这样开始了。

手电筒、小夜灯、激光笔、发光眼镜和小玩具上的光源开始慢慢地闯入小朋友们的世界。

探索一：影子的大与小

清晨，我们带着自己寻找的光源来到了录播教室。

我和王老师在幕后为小朋友们演绎了《孙悟空过南天门》的皮影戏。只见孙悟空在幕布上忽大忽小，引得小朋友们哈哈大笑。

帅帅："这个孙悟空好厉害呀！可以变大变小。"

老师："那它是怎么做到变大变小的呢？你们试试看。"

小朋友们纷纷来到幕布前，试了又试。

又亦："我的影子没有变化。"

可儿："我的影子会边动边唱歌，白龙马，蹄儿朝西……"

蛋蛋："我发现影子变大变小的秘密了，孙悟空越靠近灯，影子就越大，孙悟空远离灯的时候，影子就变小了。"

壮壮："我也试试。"

小朋友们试了一遍又一遍！不试不知道，一试真奇妙，原来，我们还可以移动手电筒，让影子变大变小，当然，移动皮影也可以达到一样的效果。

探索二：影子的形状

通过《孙悟空过南天门》的皮影戏，我们还发现，影子的形状和孙悟空的形状很相似，这是为什么呢？

我们随手拿起了录播教室的各种物体在光源下观察，小朋友们有了新发现。

"铃鼓是圆的，影子也是圆的。"

"音乐凳是方的，影子也是方的。"

"串铃身上有个小洞，影子也会缺一块。"

原来绝大多数物体的影子都和它本身的形状有关系，但是也存在极个别物体与影子不一样的情况。小朋友们通过尝试不同的材料，又有了新的发现。

"鼓槌的影子有时候是一个小小的点。"

"一张纸的影子有时候是一条长长的线。"

"老师水杯的影子是一个圆。"

原来，光照射在物体上的位置不一样，它产生影子的形状也不一样。

探索三：影子大变身

睿睿："老师，影子有颜色吗？我想要彩色的影子。"

桐桐："没有颜色。"

豆豆："有颜色。"

昊昊："没有颜色。"

曦曦："当然有颜色！"

小朋友们纷纷说出了自己的想法，教室里装满了他们的奇思妙想。

声音太多了，听不清楚怎么办？于是，我们选用举手的方式来表达自己的观点。

老师："选择'影子有颜色'的观点更多，那影子到底是什么颜色呢？"

暖暖："影子是彩色的。"

老师："哪种物体可以拥有彩色的影子呢？"

暖暖："彩色的东西。"

我们一起寻找了彩色的花，在有光的地方我们惊喜地发现，原来彩色的物体在自然光下会照出黑色的影子。

一群探索无止境的小朋友们又想到了用彩色的灯光可不可以照出彩色的影子？接着，我们把彩色的灯光照在了彩色的花上，发现影子也是黑色的。

"世界上到底有没有彩色的影子呢？"

我为小朋友们提供了各种各样的彩色玻璃纸，他们发挥自己的想象，制作了各种各样的彩色捕光器。

帅帅："彩色玻璃纸的能量真大，变出了许多彩色的影子。"

蛋蛋："哇！彩色玻璃纸遇到灯光，它的影子会变成彩色。"

就这样彩色的影子真的出现了。

那彩色的捕光器可不可以用在皮影戏上给我们的演出助力呢？一起试试看吧！

"世界咖啡日"——嘿！请你来看一场皮影 📍

在光与影的探索过程中，小朋友们对演绎的兴趣也变得更加浓厚。

接着，我们迎来了班级每月一次的"世界咖啡日"主题活动，这次的主题是——嘿！请你来看一场皮影。吃完饭，值日生很快就在茶文化区泡好了水果茶，坐在了主桌的位置，其余小朋友自由选择桌子进行畅谈。于是，一场关于皮影戏的讨论就这样开始了……

讨论结束后，我和小朋友们一起聆听了录音笔记录的研讨成果。

第一组：关于演出场地的讨论成果

"幼儿园表演皮影戏的地方需要大一些，这样，我们就可以请别的班的小朋友来看演出，想想都觉得很美。"

"最好幕布也大一些，这样就可以藏下更多的人了。"

"场地需要黑一点。"

"椅子要选舒适一点的，这样观众坐着也会舒服。"

第二组：关于道具的讨论成果

"皮影戏很神奇！但是我有一个疑问，为什么我们要用棍子去移动它呢？手捏着皮影不是也能操作吗？"

"为什么皮影戏背后的灯不换成电动蜡烛，我想设计塑料外壳的电动蜡烛，这样看起来有一种古典美。"

"可以用我们发明的彩色光，设计一场新的彩色皮影。"

第三组：关于剧本的讨论成果

小朋友们在讨论的过程中，发现自己创作的剧本更有意思，他们各自介绍自制的剧本，为自己的剧本进行拉票。

剧本一：《一借芭蕉扇》 作者：俊杰

孙悟空有七十二般变化，他变成了小虫子钻进铁扇公主的肚子，把铁扇公主的肚子踢得天翻地覆。铁扇公主受不了他的折磨，乖乖交出了芭蕉扇。孙悟空拿着芭蕉扇扑灭了火焰山的火，被人们称为大英雄。

剧本二：《二借芭蕉扇》 作者：筱涵

孙悟空和唐僧去取经，来到了火焰山。天太热了，孙悟空决定要去借铁扇公主的芭蕉扇，结果被铁扇公主一扇子扇到了小须弥山，遇见了灵吉菩萨。灵吉菩萨给了他一颗定风丹，让孙悟空吃了再去借芭蕉扇。这次，铁扇公主再扇扇子，孙悟空也没有被扇走。于是，他借到了芭蕉扇，扇灭了火焰。

剧本三：《芭蕉扇新传》 作者：致远

孙悟空看见了一个芭蕉扇女神，就上去问："可以把你的芭蕉扇借给我吗？"芭蕉扇女神说："不可以的，我还要拿着我的芭蕉扇去找地下王子。"孙悟空没有借到扇子就回去了。突然，牛魔王出现了，原来芭蕉扇女神是假的。

剧本四：《智取芭蕉扇》 作者：暖暖

一天，师徒四人来到了新疆的火焰山，孙悟空四处打探，听说铁扇公主的芭蕉扇可以扇灭火焰山的火，于是，先后三次向铁扇公主借芭蕉扇。最后一次，在小须弥山神仙的帮助下，孙悟空成功借到了芭蕉扇，扇灭了火焰山的大火，师徒四人继续取经。

经过商议，小朋友们决定用这四个剧本演绎皮影戏。

成长密码

　　怀特海将个体智力发展节奏原则划分为三个阶段：无目的地探索浪漫周期、寻求精确知识的精确周期和创造应用的综合运用周期。孩子们演绎皮影戏"三借芭蕉扇"的过程也经历了这样三个周期：前期幼儿直接感知故事，释放自己好学、好问的天性，零散地积累《西游记》的相关知识。接着，孩子们在思考与动手的循环圈中，沿着一个个既定目标小步迈进，他们丰富故事情节、分析人物形象、练习演出技巧，将模糊的经验进行个体经验的同化。最后，基于已有经验，对"三借芭蕉扇"的故事情节做出改编或续编。教师的支持，推动着幼儿对故事的深入理解，萌发他们追求新知的渴望。

（顾玉娇老师）

退票风波 📍

　　期待已久的"皮影小剧场"终于开演啦！小朋友们围坐在皮影戏周围，但是演出并没有想象得那么顺利，就在大家认真观看表演时，突然传来一阵声音："今天的好评榜，不给你们贴星星了，退票！退票！他们演得不好看。"

　　昊昊拿着皮影票，表情严肃、一脸生气地走到售票处，一场退票风波就这样开始了。

仲轩："退钱！"

皓允："你们退票，我还不想演了呢，老师，他们都退票啦！"

汉锋："你们演不好的话，我也要退票！"

皓允："别看了，你们都别看了。"

仲轩："把我买票的钱还给我！"

皓允："我演得这么卖力，这么辛苦，最多只能给你们退一半的钱。"

熙苒："皓允，你别说话了，赶快去演，没看见观众都走了吗。"

皓允："可是，他们都没人看呀。"

这时候，糖葫芦区域的几个小朋友走了过来。

泽彤："我要买皮影票。"

晨洋："一手交钱，一手交货。"

泽彤："我没钱！"

馨予："你们都把钱拿去吃冰糖葫芦了，所以没钱买票。"

在一番争吵后，原本井然有序的皮影区，有的退票、有的退钱、有的买票、售票员不退票、演员罢演，一场演出就此作罢，区域活动乱作一团。

老师："怎么办呢？"

熙熙："我们可以宣传，让其他班的小朋友也来看。"

老师："怎么宣传？"

熙熙："我们可以做个海报。"

暖暖："我们还可以卖票。"

允儿："我们换场地吧！"

老师："为什么？"

允儿："黄豆豆班门口很长很长，空间太小了，我推荐去多功能教室，那里就像一个小型的剧院。"

可可："我们可以用音乐凳设计像电影院里面的前面矮后面高的座椅。"

允儿："我要发明一个吸光器，它可以把所有的光都吸进来。"

一一："我觉得往窗户上贴白纸可以更快成功。"

允儿："可以安上遮光窗帘，我去找维修爷爷和园长妈妈谈一谈。"

于是，大家说干就干，马上进行人员分工。（幕后工作人员负责打造皮影剧场、布景和灯光工作；剧本小编剧负责创新绘制皮影剧本；场地管理员负责管理观影秩序；允儿负责带着他的图纸和想法去园长妈妈的办公室协商灯光的工作）

允儿敲门："园长妈妈，我们班想演皮影戏，我想跟您谈谈装遮光窗帘和贴白纸的事，我也可以发明一个吸光器。"

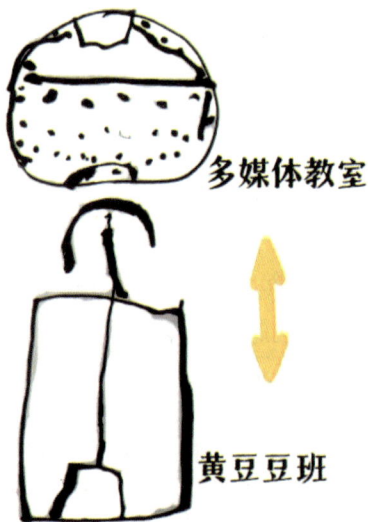

多媒体教室

黄豆豆班

园长："吸光器？你打算怎么做？"

允儿拿出图纸仔细地介绍起来。

园长："宝贝，这个想法太有意思了，你可以试试。"

回到教室，我看到了正在练习的一一和可可。

老师："你在干什么？"

可可："我正在练习技术，练习好了再上台表演，这样就没人退票了。"

老师："台上一分钟，台下十年功，宝

贝加油！"

随后，又看到很多小朋友在走廊中拿着手电筒、皮影认真地练习着。

又过了两天，在园长妈妈和维修爷爷的帮助下，我们有了新的遮光窗帘和剧场。

第二次演出正式开始。

这次，我们邀请了红果果班和蓝朵朵班的小朋友来观看演出。

这一刻，班里的小朋友有的吆喝，有的控制灯光，有的招呼客人。

这一刻，演员们互相鼓励。

可可："这次要加油，我先出场。"

一一："我第二个出。"

昊昊："头低一点，再低一点，不要露出来。"

皓允："嘘！要开始了。"

这一刻，没有人喊退票，没有人喊不好看。

这一刻，掌声响彻影院。

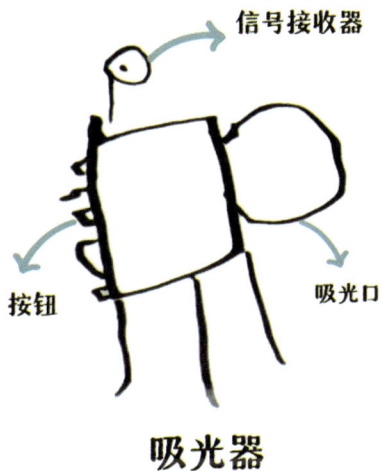

信号接收器

按钮

吸光口

吸光器

传统皮影戏的 N 种改良版 📍

经过这一次的成功，小朋友们把表演当成了超大的事。

允儿："老师，我想我们的皮影只是一大片的动还不够，我从妈妈手机上搜到的皮影都有关节，每个地方都可以动，我们可以用区域里的毛根连接。"

很快小朋友们做了关节会动的皮影。

这天，我正在办公室处理文件，允儿和皓允又找到我。

允儿："老师，我想做一个编程皮影，将故事情节输入皮影，皮影就可以自己动了。全自动的皮影戏，怎么样？"

老师："当然可以，这么好的想法我大力支持。"

皓允："可以做一个机器人皮影，我们远程控制。"

在大家的共同努力下，机器人皮影正式上映，编程皮影还在一次次的尝试中。

当我们的线上皮影戏碰上土耳其的你

土耳其地震的消息引起了我们的关注，我们担心着远在千里之外的小朋友们。于是，我们决定来一场线上皮影戏，演给因各种原因不能来幼儿园观看的小朋友们。突破传统皮影表演形式的机器人皮影准备开始了，很快，屏幕上就活跃起来。

在三亚的兜兜送来了虚拟掌声。

在张掖的嘻嘻送来了虚拟花朵。

在嘉峪关生病的彤彤送来了虚拟响指。

线上演出获得了很多好评。

表演结束后，我们还接到了远在土耳其的嘉嘉班泽泽小朋友的电话。

泽泽："我好想念幼儿园里的游戏，哥哥姐姐，你们演得也太棒了！"

暖暖："泽泽弟弟，如果你想玩，你可以在土耳其玩，给土耳其的小朋友演我们的皮影，可好玩了。"

泽泽："真的可以吗？"

小朋友们："可以，你可以，你是最棒的！"

就这样，泽泽开始向土耳其的小朋友介绍中国皮影。

我们也向一幼其他班的小朋友们介绍中国皮影。

中国皮影，小朋友们一直在路上……

成长密码

孩子们在探索过程中，始终保持着较高的兴趣，从全权策划、实施，再到分工合作，整个过程中，他们在不断地发现问题、解决问题，扮演着自己的角色，充分体验了皮影游戏的快乐。整个过程也让我重新审视儿童立场、需求。在活动中，给予儿童足够的弹性和留白的空间，也许会让游戏更精彩。

（顾玉娇老师）

『纸』境奇缘

——创意纸世界，拼出大未来

造纸术是中国的四大发明之一。邂逅古法造纸，感受传统文化，当造纸术遇上艺术，会擦出怎样的火花呢？

悦跃"纸"上 📍

"纸是从哪里来的？""为什么有的纸很薄，有的纸又很厚呢？"国际艺术交流中心的小朋友们激烈地讨论着，不停地分享自己的想法。瑶瑶从家里带来了绘本《造纸术》，和小朋友们一起分享纸的演变过程和历史。小朋友们在造纸艺术中享受着认识工具、制作纸浆、混合纸胶、抄纸晾晒等带来的乐趣。

了解了造纸的步骤之后，小朋友们进行有序分工：有的选择报纸，有的选择白色卫生纸，还有的选择原浆纸，开启了一场"纸"的探索旅程。他们有的浸泡，有的捣纸浆，有的进行纸浆铺洒，有的进行晾晒，通过大家的不懈努力，第一次尝试造纸圆满成功，大家期待着晾干的纸张成品。

第二天，进入教室的小朋友们发现纸张已经干透了。

博博皱着眉头说："为什么这张纸不平呢？"

冉冉轻轻地摸着纸说："这张纸非常粗糙，疙里疙瘩、弯弯曲曲的，应该是纸浆没有捣好。"

旭旭发现了一个小秘密："为什么这张纸上有一个洞？"

琳琳托着下巴说："我猜是因为这张纸在铺的时候，有一个洞没有铺平的原因吧。"

聪聪："你们看，因为报纸上面本来就有字儿，再次造纸后，这个纸上还是会有字。"

小朋友们在第一次尝试造纸的基础上发现了问题，针对问题又回到了游戏中再次进行尝试。持续长时间重复捣的工作后，纸浆被用力捣烂、捣碎，接着反复进行铺平的工作，将纸浆均匀地铺平于晒网上，二次造纸略微成功。

乐乐开心地说："这次的纸摸起来平平的。"

萱萱自豪地说："你们发现了吗？这次咱们造的纸居然一个小洞都没有。"

硕硕望向我说："我觉得可以送给老师用来写字！"

奇奇："我们能不能'生产'其他颜色的纸呢？"

平整的纸张让小朋友们信心满满，在展示评价的过程中，他们萌发了新的想法：制作彩色的纸张，并进行简单的纸张装饰。

乐乐："我最喜欢的就是蓝色，我要制作蓝色的纸。"

轩轩："我喜欢绿色，那我就制作绿色的纸吧！"

屹屹："我喜欢太阳光的照射，我要制作有阳光的纸！"

说着，大家便开始分工合作。在区域评价时，彩色装饰纸一一展出，并受到了小朋友们的一致好评。

成长密码

　　"纸是怎么来的呢？"孩子们的发问，让我们通过绘本故事《造纸术》，了解了纸的演变过程和历史。我们在满足孩子们好奇心的前提下，适时支持孩子，让他们在亲身实践中，保持对事物的好奇心，从而发现问题、解决问题。我发现，当幼儿全身心地投入做一件事情的时候，身为老师，最需要做的事情就是支持我们的孩子，及时为他们提供充足的材料，让他们能够更加大胆、富有想象力地去畅想、去实践。正如游戏中的孩子们自主进行造纸游戏，通过晾干后的变化进行观察、触摸、比较、讨论，从而总结经验，直至造纸成功。

（李娇老师）

"纸"因有你 📍

　　欢欢拿着纸巾说："我们用餐巾纸、报纸造纸成功，还有什么样的纸可以造纸呢？"

　　言言："我觉得我们要先找到很多不同的纸来捣纸浆。"

　　小朋友们纷纷表示赞同，于是，他们开始在教室里寻找各种纸张。面对一些不认识的纸张，他们向我发出求救信号，以了解这些不同种类纸张

的名称。

　　在寻找的过程中，小朋友们发现了各种各样的纸，他们非常小心地将这些纸张进行分类和整理。我也趁机帮助他们编辑文字，共同制作了"'纸'因有你"的展板。

　　瑶瑶拿着找到的海绵纸说："海绵纸也是纸啊，我觉得纸都可以捣成纸浆。"

　　瑜瑜反驳道："这个海绵纸摸起来和纸可不是一样的感觉，我感觉它像塑料一样！"

　　奇奇疑惑道："那海绵纸到底能不能捣烂做成纸浆呢？"

　　洁洁来征求我的建议："李老师，我们一起来捣一捣海绵纸，试一试吧！"

　　我顺势回应道："当然可以了，快来试一试，揭晓答案吧！"

　　小朋友们通过捣纸浆的原理，发现红色剪纸、蜡光纸、瓦楞纸、厨房用纸、皱纹纸、卡纸、刮画纸、便笺纸、餐巾纸、手工折纸、打印纸、报纸、牛皮纸等都可以再利用造纸，而锡纸、反光纸、塑料包装纸、海绵纸等不可以再利用造纸。

成长密码

　　当孩子们在游戏的过程中遇到问题时，我始终提供最大的支持。当孩子们通过生活经验来判断纸张是否再利用或是否继续当前的游戏时，我的微笑、鼓励和适当提示都能增强他们的安全感，鼓励他们继续探索和前进。

　　教室里提供了各式各样的纸张，供孩子们自由发现，这有助于游戏的顺利进行。我全力支持和肯定孩子们的努力，成为他们坚强的后盾，激发他们持续探究的热情。

（于睿老师）

　　孩子们利用他们平时的记忆，轻松地找到了各种纸张，并开始对这些纸张进行再次的分类和整理。这个过程中，孩子们热情地讨论，展示了他们思维活跃的一面，让我目睹了智慧的火花在他们之间跳跃。游戏为孩子们提供了充分的交流和相互评价的机会，他们因此决定亲自动手尝试，以区分和判断结果。

（李娇老师）

"纸" 和你玩 📍

制作展板剩下了很多边角料，"难道要丢弃浪费了吗？"小朋友们各抒己见，纷纷表示这些纸的颜色很漂亮，可以用在很多地方：有的想用来进行碎纸画的制作，有的想进行拼插画的创作，还有的想进行人物装饰。节约创意画开始了……

轩轩拿着"新材料"得意地炫耀着："反光纸银光闪闪的，就像我们穿的漂亮演出裙一样，扔掉多可惜啊，我想把它贴在我的裙子上。"

验验指着大纸板说："我想用圆形的硬纸板来制作一个地球。"

峥峥询问道："萱萱，我可以和你合作吗？我觉得你的想法还挺有意思！"

瑶瑶轻轻地说："我想创作一间七彩的树屋。"

小朋友们将废旧边角料进行二次加工，将其巧妙地融入自己的创作计划中，一幅幅富有创意的作品应运而生。

成长密码

　　纸在我们的日常生活中扮演着极其重要的角色，它不仅为我们提供了便利，还激发了我们无限的想象力。有时，即使是那些被忽视的边角料，也能在孩子们巧妙的手中化作一件件精美的艺术品，构建起属于他们的小世界。这些简单的材料，不仅丰富了孩子们的游戏内容和形式，还有效地激发了他们的游戏动机和思维，从而不断地激发孩子们的创新游戏想法和行为。

　　通过这样的活动，孩子们不仅学会了如何利用资源，还学会了如何将废物利用，创造出新的价值。这个过程不仅锻炼了孩子们的动手能力，还培养了他们的审美观和创造力。孩子们通过自己的双手，将看似无用的纸张变成了有形的艺术作品，这种成就感和自我表达的喜悦是任何玩具都无法替代的。

（李娇老师）

"纸"短情长 📍

　　"十一"小长假，小朋友们在家里找到了各种各样的纸制品。

　　"李老师，我发现我们家的酸奶新换了吸管，这个吸管是用纸做的，原来纸还可以用来做吸管！"彤彤将她的新发现分享给大家。

"李老师，我发现我们家厨房的垃圾桶也是纸做的，那天塑料袋破了，水都从纸桶里面流出来了。"翔翔迫不及待地说着。

"李老师，我发现我们家的扑克牌是纸做的，我这几天还和妈妈学会了'拉肠肠'的游戏！"奕奕兴奋地说着。

"拉肠肠是什么东西？"曦曦好奇地问。

"拉肠肠就是扑克牌的一种玩法，可好玩了，你们家里有没有扑克牌？可以让爸爸妈妈教你们玩。"奕奕说。

于是，小朋友们在家中搜寻各种纸张的同时，又发现了新物品——扑克牌。家长们也趁机拍摄了各种各样的照片发送到班级群和小朋友们一起分享。

成长密码

幼儿园的游戏活动深受孩子们喜爱，甚至延续到他们的家庭生活中。孩子们在家中寻找各种纸制品，其中，彤彤发现了酸奶吸管是纸做的。爸爸妈妈们也积极参与，将孩子们的"精彩瞬间"分享到班级群中。这次"大搜寻"活动不仅为小长假的亲子时光增添了欢乐，也让班级群变得更加热闹。

（于睿老师）

奕奕最近对纸制品产生了浓厚的兴趣，他在家里翻箱倒柜，充满了好奇和探索欲望。在一次整理中，我们无意中发现了一副扑克牌，这成了我们一家三口欢乐时光的源泉。看着奕奕对扑克牌的喜爱，我知道，他非常想和小朋友们分享这份乐趣。因此，他每天都在家里认真学习各种扑克牌的玩法，期待着有一天能成为小朋友们的小老师，教他们玩扑克牌。

（奕奕妈妈）

"纸"趣横生 📍

　　不知不觉中，"十一"小长假结束了。早晨一入园，奕奕就飞奔过来向我兑现他的"小愿望"，果不其然，他在孩子堆里收获了满满的自豪感。原来，扑克牌如此深受小朋友们的喜欢。在小朋友们的眼中，扑克牌可不是只有这一种玩法，他们根据自己的构思，体验着想象的快乐。

　　乐乐一边摆弄着扑克牌，一边和旁边的硕硕说："我想搭高楼，可是太

难了！"

硕硕回应道："是啊，你看这个扑克牌太平了，搭高楼需要多少张扑克牌呢？"

旭旭想到了一个好主意："我们还是来玩找相同的游戏吧，看谁找得最多，可好玩了，我来教你们！"

在大家的一致认同下，扑克牌连连看的游戏正式开始！

另一边，只见言言和屹屹自顾自地一层一层往上搭房子。当搭到一定的高度时，他们就停止了搭建，继续在旁边搭其他建筑物。另一边的轩轩继续前一次的轨道玩法，但与上次不同的是，这次的轨道中间有房屋、桥梁，前面还有平地和轨道。只见屹屹趴在地上，随手拿起了几张扑克牌。他用两只手拿住扑克牌的两边，弯一弯，试图将两张扑克牌面对面靠着立起来。然而，他并没有成功。他拿着观察了一会儿后，继续低头尝试。这次，他将扑克牌对折放在地上立住了，然后继续将扑克牌对折，在之前立住的扑克牌后面依次排队。尽管他曾经几次气得把自己的牌打乱，愣了一会儿，但他并没有放弃，一直继续尝试着。

经过一番努力，屹屹终于成功地搭建了一个一层的卫星发射基地。他激动地连忙叫同伴来一起分享他的成就。

霖霖羡慕地竖起大拇指："哇，你好厉害，居然摆了这么多，这是什么呀？"

屹屹自豪地说："这是酒泉卫星发射基地。"

宁宁疑惑地问道："你是怎么做到的？我怎么都立不起来？"

屹屹耐心地一边示范一边讲解："你把这个扑克牌折过来，弯一弯就可以立起来了。"

浩浩询问道："你太厉害了，我怎么没有想到呢？我也想和你一起搭。"

屹屹大声地对其他小朋友说："咱们一起搭建吧，大家快来加入我们的游戏呀！"

成长密码

　　游戏中，我只有了解了小朋友们的真实想法，才能同他们一起在游戏中探索问题并解决问题。当小朋友们在搭建高度上受到阻碍时，他们开始不断观察。在同伴的影响下，发现了"小妙招"；在同伴的指导下，学会了新的本领。当然，我还听到个别不同的声音："崭新的扑克牌，这样一折，万一断了怎么办呢？""可以这样破坏扑克牌吗？"我也在此向小朋友们进行了解答。大家将扑克牌进行了分类：一部分用来进行桌面益智游戏，一部分专门用来搭建，可折可弯曲，以便搭建更多的建筑物。

（李娇老师）

　　我在玩扑克牌的过程中，怎么都立不起来。突然我发现，扑克牌是软软的，可以弯曲，可以折叠，一弯就立起来了。小朋友们都看着我，和我一起将扑克牌立起来，越摆越多，越摆越长。

（屹屹小朋友）

　　我觉得屹屹真的是太聪明了，我们大家都没有想到的办法，他一下子就想到了，而且还和大家一起合作，这才搭建了这么长的大桥。

（浩浩小朋友）

几个小朋友们看到奕奕搭起来的一层小楼，立刻开始尝试，准备建造一座高楼。可是，一层建筑没有问题，再往上搭建就会倒塌。屡遭失败后的小朋友们跑来求助我："为什么我们用扑克牌搭不高呢？"

霖霖听到后若有所思地说："我觉得扑克牌太薄了。"

轩轩急忙解释道："这是因为我们的扑克牌太少了。"

由于小朋友们初次尝试使用纸牌搭建，可能会对创建立体结构感到困难，因为他们尚未充分理解建筑物的形态和稳定性。为了帮助他们从认知层面上提高建造能力，我打算在游戏结束后组织一次讨论，重点探讨两个问题：为什么房子搭不高？为什么扑克牌站不稳？结合小朋友们现有的水平，通过重新尝试再建构，丰富他们的游戏经验和搭建技巧。

小朋友们在了解桥、建筑物等的搭建技巧后，开始了一次又一次地搭建尝试。通过不断地实践，无论是独立完成，还是与同伴合作，他们都积累了丰富的经验。随着经验的不断累积，他们的搭建成果也逐渐展现更高的水平。作为教师，我们深感欣慰，真诚地为他们的进步和成就感到高兴。

白天在幼儿园，小朋友们对扑克牌搭建游戏兴趣盎然，晚上班级微信群里也热闹非凡。

他们将白天的扑克牌搭建技巧分享给自己的爸爸妈妈，爸爸妈妈也开发出新的搭建方法。随着扑克牌作品越来越多，亲子游戏的参与度也达到了高潮。家长们开始互相交流经验，群里的讨论氛围不断升华。

成长密码

在我们的生活中，扑克牌仿佛蕴含着各式各样的建筑元素。有的孩子觉得它像一排排小山洞，而有的则认为它酷似一座座小桥洞。在扑克牌游戏中，孩子们自由地探索，结伴同行，相互分享心得，共同构筑了属于他们的独特世界。

孩子们对扑克牌游戏充满了好奇，渴望探索其中的秘密。家长们也积极参与，提供各种扑克牌，与孩子们一同进行搭建活动。这不仅满足了孩子们对扑克牌搭建的兴趣，还让他们通过实践更深入地观察和了解了扑克牌的奥秘。

（李娇老师）

看到孩子们搭建独特的"建筑"，我也不由得想要体验一下，还别说真有一定的难度。看到班级群里的爸爸妈妈们争先恐后地"出招"，我也趁机取取经。

（宸宸妈妈）

刚开始时，我的搭建总是不能达到预期的高度，后来才发现我们班级群里隐藏着搭建高手。大家通过改变纸牌的形状和增大支撑面的方法来进行实验。我带着瑛梓尝试了群里分享的各种搭建方式，每一种都让人感到无比兴奋，成就感满满，真的太棒了！

（瑛梓妈妈）

不"纸"如此 📍

瑜瑜早上一进教室就悄悄和我说："李老师，昨天妈妈教我用彩纸折了纸飞机。"

耘耘也跑过来贴着我的耳朵说："李老师，昨天晚上我和爸爸搭建了一大片的高楼。"

峥峥不慌不忙地说："我和妈妈一起制作了漂亮的画框，准备送给奶奶当做生日礼物。"

小朋友们各抒己见，看来最近在家都有属于自己的"小秘密"。在国际艺术交流中心，他们各自选择了喜欢的"项目"，一场和"纸"的较量开始了。

只见浩浩对我投放在"故事心语"的衍纸十分感兴趣，他坐在衍纸筐旁边，小心翼翼地进行卷纸的工作。不知不觉一个小时过去了，托盘中一个个"背着蜗牛壳"的小卷卷，整齐地摆成一排，这些全部都是浩浩的杰作。

还有的小朋友在进行纸浆画的材料准备，我为他们提供了纸浆画模板，这时，创作人数比提供的纸浆模板人数多了出来。

聪聪："瑶瑶，我们两个一

起合作完成吧！你喜欢这朵漂亮的七色花吗？"

瑶瑶："可以呀！我们一起来吧！"

说着，其他小朋友也开始三两合作，决定共同完成属于他们的作品。

彩色折纸可以剪出各种各样的窗花，小朋友们开始回忆上学期剪窗花的场景。冬天到了，我们又可以布置教室啦！老师也不甘示弱，搜集了关于"纸"的魔术视频及道具，为小朋友们带来了精彩的吐"纸"魔术秀，还和他们一起观看了魔术拉花视频。小朋友们也欣喜地加入魔术纸拉花的行列中，并为大家一一进行展示。

在五洲剧场，小朋友们拿起剪刀和五颜六色的纸张，为自己量身打造了别具一格的表演服饰。随着动感音乐的响起，他们神采奕奕地走上 T 台，开始了精彩的表演。在欢快的音乐中，小朋友们与手中的彩纸共舞，仿佛置身于一个充满魔力的彩色世界。

随着音乐节奏的不断加快，小朋友们灵活地运用手中的彩纸，创作各种富有新意的玩法。有的小朋友拍打着纸张，发出清脆的声响；有的则用手指弹动纸张，让它们在空中翩翩起舞；还有的小朋友用小拳头轻轻捶打纸张，仿佛在进行一场有趣的打击乐表演。更有甚者，将彩纸放在地上，随着音乐的节奏踩踏着，发出沙沙的声响。

在这个充满欢乐的氛围中，越来越多的小朋友被吸引过来，纷纷加入这场纸张音乐游戏中。他们跟随动感的音乐节拍，将玩纸的动作巧妙地融到表演中，使得整个舞台充满了活力与趣味。这场别开生面的音乐游戏不仅让小朋友们度过了一个愉快的时光，还让他们在游戏中学会了团队合作，领悟了创新精神。

成长密码

孩子们在游戏中的状态与材料是息息相关的。随着各种纸张的不断引入，游戏已经扩展到国际艺术交流中心的每一个区域。在这个过程中，孩子们不断地遇到问题并解决问题。当在探索中有所发现时，他们会感到兴奋和满足，这成为他们继续探索的动力。作为教师，我及时地捕捉到孩子们的兴趣点，并学习了相关的魔术表演技巧，以迎合他们的好奇心。我们一起学习了魔术纸拉花，将游戏推向高潮。

千"纸"百态的国际艺术交流中心热闹非凡，孩子们以自己独有的视角创作了一幅幅独特的"纸"作品。

（李娇老师）

李老师，我真的是太喜欢做衍纸作品了！你是不知道，这一条纸有多长，我是一点一点很小心地把它卷成了现在的"蜗牛壳"，可不容易了！但是我觉得我很开心，我还想卷更多的衍纸卷呢，时间怎么这么快就到了！

（浩浩小朋友）

"纸"无不尽 📍

不知不觉中，一学期接近了尾声，在这辞旧迎新之际，小朋友们准备将这些漂亮的"纸作品"一一展出，同时也计划为园里每个班级的小朋友准备一份特别的礼物。为了实现这一目标，小朋友们开始动手制作卡片，并对今天的任务进行了精心规划。与此同时，我在幼儿园的工作群中发布了一项"搜集令"，希望所有老师能协助小朋友们顺利完成任务。

小朋友们按照自己的兴趣选择了不同的任务卡片，怀揣着完成自己小任务的决心，踏上了前往各自目的地的旅程。一切准备就绪后，他们兴奋地开始了冒险！在全园11个班级老师和弟弟妹妹的帮助下，他们通过询问和搜寻，成功地带着各自的"胜利品"返回，并滔滔不绝地与大家分享着今天的收获。

接下来，小朋友们开始对收集到的纸张进行分类整理，并根据不同纸张的特性，着手制作各种礼物。这个"神秘礼物"项目也即将拉开序幕。

成长密码

跟随着孩子们游戏的脚步，我提前在幼儿园工作群中发送了区域活动的预告，为顺利开展游戏搜寻做好了前期准备。孩子们从设计区域任务卡开始，勇敢地走出班级区域，甚至将搜寻范围扩展到幼儿园的每个角落。在寻找过程中，他们与不同班级的老师进行互动，完成任务挑战，为最终获得的"神秘礼物"做了充分准备。我们和"纸"的游戏仍在继续，期待孩子们能够获得更多的成长和收获。在这个充满千变万化的"纸"世界里，还有许多小秘密等待我们去发现。"纸"境奇缘，我们一直在路上……

（李娇老师）

从橘子皮到中草药的神奇之旅

伴随着水汽散去，第一次蒸耙耙柑皮告一段落。

孩子们娴熟地将它们晾在阳光下的篮子里，待它们干透，我和孩子们用密封袋封装，期待着下一次被蒸汽环绕的时刻。

哇，好香的"橘子皮" 📍

　　进入中班第一天的小朋友们，对新的班级教室十分好奇，他们想看看这里的每一个角落。游戏开始啦！小朋友们尽情地在教室里探索。

　　"哇，这些橘子皮真香啊！"

　　"这些橘子皮还很硬……"

　　"这些小袋子里的味道和橘子皮一样！"

　　一个、两个、三个……越来越多的小朋友们聚在这里，开始了对橘子皮的研究和讨论，他们迫不及待地想要知道有关橘子皮的一切秘密。放置在竹篮里的橘子皮散发着淡淡的香味，我向小朋友们介绍着哥哥姐姐们和橘子皮的故事：其实它们是由耙耙柑皮制作而成的"陈皮"，它们的变化经历了许多许多的工序。

　　小丸子："陈皮尝起来是什么味道的？"

泽泽："陈皮有什么作用？"

随着我的介绍，小朋友们对陈皮的问题越来越多，那就一起来揭秘吧！首先，我和小朋友们通过一部纪录片初步了解了陈皮。

这一天，幼儿园为小朋友们提供的水果是耙耙柑，制作陈皮的机会来了。小朋友们已经等不及了，他们纷纷要求去收集耙耙柑皮。于是，耙耙柑皮收集小组出动啦！

夏天："老师，请问你们的耙耙柑皮可以给我们吗？"

老师："当然可以！"

就这样，小朋友们拿着大包小包穿梭在各个教室和办公室之间收集耙耙柑皮，不一会儿，便收获满满。他们将收集来的耙耙柑皮摊放在桌子上，进行整理和晾晒，脸上满是骄傲和喜悦。

灿灿："这个耙耙柑皮摸上去滑滑的，里面还有点湿。"

涵涵："把这个皮放在鼻子上，要是鼻塞了，闻一下，一会儿就好了。"

政政拿起一片耙耙柑皮说道："它的形状真像五星红旗啊！"

嘟嘟："它里面的这个丝儿是什么呀？"

朔朔："橘子皮挤一挤有水，为什么耙耙柑皮挤一挤没有水啊？"

小朋友们的话题越来越多。九儿想用耙耙柑皮做一朵美丽的花，她的想法引起了其他小朋友的赞同。耙耙柑皮究竟能变成什么呢？有的小朋友创作了一朵花，有的创作了一座房子，有的创作了旅游途中见过的大雁塔，还有的创作了机器人……他们发现，用手指将耙耙柑皮撕碎，就可以创作自己想要的造型了。

游戏依然在继续，小朋友们的创作再次激发了他们对耙耙柑的喜爱，接下来就要制作陈皮了。

到底该怎么操作呢？我们一起来查一查、找一找、学一学。经过查阅资料，小朋友们了解了制作陈皮的方法。

第一步：用盐把耙耙柑皮表面的油脂洗干净！

我的机器人诞生啦！

快来看看我的房子吧！

一诺："为什么要用盐洗耙耙柑皮啊？"

允儿："用盐洗完的耙耙柑味道咸咸的。"

果果："可能是要消毒吧，我奶奶洗水果的时候会用盐泡一泡，就消毒了。"

第二步：晾晒耙耙柑皮！

什么方式能让耙耙柑皮快速晾干呢？政政和他的伙伴们选择把耙耙柑皮盛进塑料托盘里，放在走廊阴干；果果和他的伙伴们想要把耙耙柑皮放在阴凉的墙角边；九儿和他的伙伴们将耙耙柑皮晾晒在了阳光下的窗台上；泽泽和他的伙伴们拿来了报纸，把湿漉漉的耙耙柑皮放在报纸上晾晒……

然而，不幸的事情发生了，一场大雪掩埋了晾晒在

草坡上的耙耙柑皮。一天过去了，它们依然是湿漉漉的，上面还落了不少灰尘。不同的晾晒方式带来了不同的晾晒结果。晾晒在报纸上和阳光下的耙耙柑皮已经发生了变化。

泽泽："耙耙柑皮变硬了。"

一诺："我觉得耙耙柑皮晾晒了以后，颜色更深了。"

芯芯："有的耙耙柑皮上还出现了黑色的斑点。"

灿灿："我觉得它们现在没有之前好闻了。"

耙耙柑皮晒干后就可以进行下一步了。

第三步：起锅烧水，开始三蒸三晒与包装。

小朋友们挑选大块的耙耙柑皮，将它们小心翼翼地放置在蒸锅上，然后耐心地等待着。蒸锅里沸腾的水跳动着，朦胧的水蒸气带着一股浓郁的果香味飘散开来，很快就吸引了小朋友们和老师们的关注。

夏天："哇，好香啊！"

小朋友们不由自主地赞叹着。

伴随着水汽散去，第一次蒸耙耙柑皮告一段落。小朋友们娴熟地将它们晾在阳光下的篮子里，待它们干透，我和孩子们用密封袋进行封装，等待着下一次被蒸汽包围，就这样循环三次。

经过三次蒸制和三次晾晒，陈皮的味道逐渐变得更加

浓郁。在一次制作中药的活动中，小
朋友们尝试将做好的陈皮放入研磨
钵，经过研磨后，陈皮的香味再次被
激发出来。小朋友们被这迷人的香味
吸引，沉浸在其中，他们开始动手制
作陈皮香囊。随着香囊中陈皮香味的
持续散发，他们更加沉醉于这份自己
创作的香气之中。

成长密码

对儿童而言，生活就是他们探索世界的全部，随处可见的柑皮，成为他们接触和了解中医文化的重要载体。从收集柑皮，制作陈皮，再到变成香囊，这一系列的过程，不仅让他们见证了时间的变迁，更在潜移默化中感受中医文化的博大精深。

（允儿妈妈）

对于孩子们来说，慢慢成长才是最好的状态。中医文化所强调的，往往也是一段调理和养护的过程，这其中少了许多急躁，更多的是优柔而有力的坚持。在孩子们接触和学习中医文化的日子里，他们的心态变得更加平和，行为也变得更加从容。他们开始慢慢享受游戏的乐趣，慢慢品味生活的点滴，也在慢慢中逐渐长大。这种慢的状态，让他们的每一天都过得充实而有趣，也让他们更加珍惜和感恩生活的每一刻。我相信，这样的成长方式，将会为孩子们的未来奠定坚实的基础。

（孙晓云园长）

原来它也是中药 ◉

这一天的早餐是鸡茸玉米羹和山药炒木耳，小朋友们正在津津有味地进餐。这时，辰辰说："老师，这是什么呀？我不喜欢吃！"只见辰辰的勺子里躺着两颗小枸杞。我笑了笑说："这是枸杞，可以补气养血……"柚柚问："老师，什么是补气养血？""补气养血是在说枸杞的药用价值，枸杞不但是一种食材，它还是一味中药，可以泡茶！"

泽泽："老师，你说的这个我知道，我奶奶泡茶的时候就要放枸杞，还要放几颗红枣呢！"

淼淼："枸杞泡茶是什么味道呀？"

多多："好神奇呀，我想尝尝。"

贝贝："我爱吃这个枸杞，对身体好。"

登登："我爸爸的保温杯里就放着枸杞。"

老师："其实，在我们的生活中，还有很多'药食同源'的食材，它们既可以入药，也可以作为食物吃进我们的肚子里。"

第二天，小朋友们带来了很多食材，有生姜、红枣、枸杞、桑葚干、桂圆干、玫瑰花干、山楂等。我们通过观察对比、查阅资料，了解了它们的药性和食用价值。这时，晴晴第一个提出了自己的想法：

"老师，我们能不能泡个养生茶，我太想喝了。"

于是，小朋友们你一言我一语地讨论起来，可以放什么呢？银耳、菊花、红枣、枸杞、山楂，还有两颗桂圆，一壶香气四溢的养生茶就泡好了。小朋友们在咕嘟咕嘟的等待中静静地享受着这美好的时刻。

老师："你们的养生茶有名字吗？"

多多："菊花银耳万宁茶！香，实在是香！"

养生茶煮好了，小朋友们迫不及待地想要尝一尝。

朵朵："我感觉好酸啊，山楂放多了。"

言言："挺好喝的，我们自己做的就是好喝。"

允儿："下次我想喝个玫瑰花茶，应该更好喝。"

天天："下次再煮茶的时候，有没有配方可以给我们？"

老师："每人设计一个茶谱，合在一起就变成了配方了。"

于是，小朋友们的养生茶配方就诞生了。来到这里的朋友不仅可以品茶，还可以分享自己喜欢的茶谱。

家乡的中草药 📍

最近一段时间里，小朋友们每天都会利用碎片时间了解常见的中草药，如蒲公英、小柴胡、三七等。这天餐后，小朋友们正在门口看书，刚好翻到了雪莲。

柚柚："哇，好漂亮，这是什么呀？"

老师："这是生长在高原上的雪莲，是一味珍贵的中草药。"

登登："嘉峪关能种雪莲吗？"

老师："可能有点难，大部分的中草药要生活在适宜的地方，温度、湿度和光照都会对中草药的药性产生影响。嘉峪关本地有很多种中草药，比如艾草、蒲公英、甘草、三七、锁阳等。在我们幼儿园的种植基地就有一味中草药，叫麦冬，我带你们去看看吧！"

成成："麦冬的叶子摸起来滑滑的、凉凉的。"

轩轩："哇，原来它是中草药啊，我以为是花。"

皓皓："这个中草药和教室里的不一样，是绿色的，教室里的是干的。"

霏霏："我们能不能也种中草药啊？"

这是一个非常棒的提议，小朋友们种植中草药的想法很强烈。于是，我们开始筹备起来。他们带来了各式各样的花盆和工具，我购买了适合嘉峪关气候的中草药种子。

我们先要在花盆里尝试种植，土壤从哪里来？从小菜园里挖吧！

放多少土合适？怎么检验土壤已经湿透了？种子埋多深更好？

这些问题难住了小朋友们，对于没有太多种植经验的他们来说，真的很有挑战性。有的小朋友先撒种子再填埋，最后浇水；有的小朋友用小铲

子铲出一个深深的坑，将种子丢进去，再填埋……最终的结果还需要通过实践来找到答案。

小朋友们埋进土里的不仅仅是一粒粒中草药的种子，还有他们的期待和希望。每天早上来幼儿园的第一件事就是去看看自己种的中草药有没有发芽，给它浇水，有的小朋友还念起了咒语"中草药快长大"。除了照顾中草药，他们还会记录中草药每一天的成长变化。

终于，一天早上，果果开心地大喊："老师！快看，我的中草药发芽了！"瞬间吸引了老师和小朋友们的围观，一颗小小的嫩芽从土里钻出来，他们兴奋极了。

日子一天天过去，越来越多的中草药发芽了，小朋友们几乎每天早上都能体会迎接新生命的喜悦。然而，中草药的芽儿并没有坚持多久就传来了干枯的消息。小朋友们失落地捧着小花盆，告别了心爱的小芽。

老师："小朋友们，为什么中草药才刚发芽没多久就干枯了呢？"

朔朔："可能水浇少了，有的小朋友会忘记浇水，土都干了。"

果果："可能晚上太冷了，把它冻死了。"

一诺："我的土太硬了，中草药到现在都没发芽。"

泽泽："我猜盆子里的土没营养了，我的中草药吃不上饭就饿死了。"

灿灿："我们的种植基地没有阳光，晒不上太阳就死了。"

允儿："哎，照顾中草药太难了，我每天都会给它们浇水，但它们还是没有活下来。再见了，小芽芽！"

小朋友们猜测着中草药"死亡"的种种原因，讨论之后，我们发现：土壤、水分、阳光和空气对植物而言一样都不能少。

有了失败的经验，这次我们再试一次。走进小花园，重新种下了希望的种子……

成长密码

种花如同育人，种植中草药亦是如此。土壤、阳光、空气、水分，每个环节都不可或缺。在这次活动中，尽管孩子们满怀期待并精心照料，但结果并未达到预期。这不仅是一次对生命的探索之旅，也是一场关于爱的考验。作为中草药的"父母"，孩子们通过实践深刻理解，仅有热情和爱意是不够的，生命成长还需要适宜的环境、科学的培养方法以及面对各种可能性的心态。

（于睿老师）

在生命的成长过程中，我们会遇到许多给予我们温暖和支持的人，让我们拥有勇敢地追求梦想的力量。其中，父母是我们最好的花匠。从萌芽到凋零，孩子们的心情也会经历起起伏伏。相信孩子们对生命、生活和父母的爱会有更深刻的体会。

（果果妈妈）

神秘的红果子 📍

清晨，朝阳洒满了园子，小朋友们又开始了热闹的晨间游戏，院子里的一棵树引起了他们的注意，柚柚和几个小朋友开始高兴地分享着自己的发现。

柚柚："我感觉它红红的，像小苹果一样。"

登登："我感觉就是苹果。"

蛋蛋："是神秘的水果。"

小丸子："应该是山楂吧！"

神秘的红果子到底是什么呢？小朋友们的讨论并没有找到答案。

于是，我问小朋友们："有没有其他办法可以帮助我们知道它是什么？"

晴晴："回家去问爸爸妈妈吧！"

玥玥："从网上查一下。"

淼淼："尝一下不就行了。"

小朋友们非常赞同品尝的办法。于是，我问他们："它们成熟了吗？我们可以直接吃吗？"

小朋友们摇摇头："怎样才能辨别红果子成熟了？"

柚柚："我看见它是红色的，

苹果熟了就是红色的，它应该也熟了吧。"

老师："除了从颜色辨别，还有其他办法吗？"

为了安全起见，我们决定先去问问照顾这些红果子的人——门卫爷爷。从爷爷这里得知，原来它叫海棠果，已经成熟了。于是，我们就摘了一些小红果准备带回去尝一尝。

雯雯："好酸啊，味道就像山楂一样。"

彬彬："我还是更喜欢吃山楂。"

泽泽："山楂其实比它还甜呢。"

显然，山楂更受小朋友们的喜爱。之前，他们对山楂就有了一定的了解，这次的对比让他们更喜欢山楂了。

小丸子说："老师，我好想吃山楂。"

柚柚分享着他的体验："我昨天吃的冰糖葫芦是山楂做的，虽然有点酸，但很好吃。"

登登则从健康角度提出："山楂能健胃消食，还是吃山楂更好。"

于是，小朋友们提议第二天带山楂来幼儿园。果然，一大早我就收到了小朋友们带来的一大包山楂干。那么问题来了，这些山楂干可以做什么呢？经过讨论和查阅资料，我们决定一起制作陈皮山楂丸，这样就可以解决小朋友们积食的问题了。

在一个阳光明媚的下午，我和小朋友们围在一起，尝试制作陈皮山楂丸。

老师："小朋友，你们知道制作山楂丸的第一步是什么吗？"

"挑拣原料！"他们争先恐后地回答。

于是，大家开始认真地挑选山楂和陈皮，将不好的部分剔除。接着，我开始教他

们如何炒原料。

"老师，炒山楂片要用什么火才不会炒焦呢？"小丸子好奇地问。

老师："这个问题很好，我们一起来试试吧！先试试小火，看看效果。"

小朋友们小心翼翼地调节火候，发现小火虽然慢，但山楂片真的不会焦。当山楂片散发出诱人的酸甜味道时，大家都兴奋地喊起来："炒好了！"进入研磨环节，突然传来了"咔嚓咔嚓"的声音。"咦，怎么会有小石子的声音呢？"小红疑惑地问。"我知道，这是因为山楂里面有核。""下次我们要记得挑拣干净。"接下来是炼蜜、混合搅拌，最后是揉搓山楂丸。小朋友们戴上手套，开始认真地揉搓。

"老师，手套好黏啊，怎么办？"小丽皱着眉头问。

老师："戴手套是为了保证山楂丸的卫生，我们可以先轻轻地捏一捏，然后再慢慢地搓成圆形，这样就不会那么黏了。"

经过一番努力，小朋友们终于制作出美味的陈皮山楂丸。他们迫不及待地品尝起来，还邀请其他老师一起分享。

"哇，口感真好，味道也很棒！"小朋友们高兴地欢呼着。

一天清晨，小朋友们围着小侍老师，对她身上散发出的气味充满好奇。小侍老师笑着解释，昨晚她肩膀疼痛，进行了艾灸。这句话立即引起了小朋友们的关注。

"艾灸是什么？"明明好奇地问道。

"味道和艾草很像呢！"妍妍嗅了嗅空气。

"艾灸后肩膀就不疼了吗？"叮当追问。

为了满足小朋友们的好奇心，我请小侍老师带来了艾灸所需的工具和材料，并准备了一包艾叶。小侍老师点燃了艾炷，淡淡的烟雾缭绕，艾草的香气迅速弥漫了整个教室。有的小朋友掩鼻皱眉，觉得味道难闻；有的小朋友则因为初次体验而感到兴奋；还有的小朋友们充满疑问。

悦悦举手问道："老师，这是用艾草做的吗？"

老师："是的，它是由艾绒压制的，所以有着艾草特有的香气。"

悦悦接着说："我知道艾草，马老师盒子里就有，我还用它做过防蚊香囊呢。"

溪溪也开始分享："艾草还可以用来泡澡，姥姥就用艾草水给我洗过澡。"

老师："你们知道艾草的具体作用吗？"

通过视频，小朋友们了解艾草有理气血、散寒止痛的功效。在日常生活中，用艾草泡脚或擦洗身体，能达到养生的效果。

登登兴奋地表示："今天晚上，我一定要用艾草泡脚，还要给妈妈和姥姥也泡一个。"小朋友们纷纷表示想要尝试，于是，我们开始动手制作泡脚包。

小朋友们讨论着泡脚的感受。

成成说："艾草真有用，真想天天泡！"

浩浩："我昨晚泡了脚，睡了一个美美的觉。"

看来，艾草已经成为小朋友们养生必不可少的材料了。一个偶然的机会，小朋友们看到了艾草槌，他们对艾草的兴趣又一次被点燃了。

制作艾草中药槌的过程非常繁复，前期我们做了很多准备工作。小于老师带领小朋友们了解扎染技术，让他们自选样式进行练习。有的小朋友折了正方形，有的小朋友折了长方形，还有的小朋友折了三角形。他们用橡皮筋紧紧地绑好布料，然后用滴管滴上染液。不一会儿，特别定制的扎染小毛巾就呈现在我们眼前。

老师："小朋友们，接下来我们要制作艾草中药槌了，你们知道该怎么做吗？"

小朋友们七嘴八舌地讨论起来，有的说要挑选艾草，有的说要捆扎槌头。我微笑着点头，然后详细地向他们介绍了整个制作过程，包括填装艾草和捆扎的步骤。

接下来，小朋友们开始动手制作。他们小心翼翼地挑选艾草，有的选择了一大

把，有的则只取了一小撮。通过观察，我发现有的小朋友用的艾草太少，可能会导致槌头不够紧实。于是，我走过去轻声提醒他们："宝贝，你可以试着多放一些艾草，这样槌头会更紧实。"

小朋友们在选择手柄毛线的颜色时也非常认真。有的喜欢鲜艳的红色，有的偏爱清新的蓝色，还有的选择了温暖的黄色。他们根据自己的喜好，为中药槌穿上了漂亮的"外衣"。

捆扎的过程对于小朋友们来说是个挑战，他们有的绑得太紧，有的则松松垮垮。但每个小朋友都专注地投入其中，努力将艾草捆扎成一个结实的槌头。

最终，每个小朋友都制作了一个属于自己的艾草中药槌。虽然有的槌头歪歪扭扭，有的还很松动，但他们的脸上都洋溢着满足和自豪的笑容。

成长密码

孩子的游戏来源于生活，生活中日常可见的点点滴滴都可能成为孩子们探索的兴趣点。老师需要做一个倾听者，能够将孩子们的话听到心里，然后陪着孩子们共同探索其中的奥秘，而这个探索的过程就是"成长"。

（孙晓云园长）

我是未来工程师

神奇的坎儿井

因为有了一道道的坎儿井昼夜不停地在地下汩汩流淌，才能够让被沙漠包围的吐鲁番这座城市得以常绿常青。今天，我们在幼儿园也建造了属于我们的"坎儿井"，为孩子们带来了同样的滋润和生机。

开园第一周，小朋友们热烈地分享着他们的假期生活。

"假期，我和好朋友爬了悬臂长城。"可乐高兴地说。

幸宝："我去了敦煌，敦煌有沙漠。"

昊昊："我去了新疆，新疆可漂亮了。"

幸宝接着说："新疆有什么？我也好想去看看。"

缘缘："新疆有棉花啊，我们被子里用的就是新疆棉花。"

"葡萄干、库尔勒梨也特别好吃。"

"我还吃过哈密瓜。"

"他们的水资源特别宝贵，所以，他们那儿有一种特别的井，叫坎儿井。"昊昊接着说。

在小朋友们的谈话中，昊昊提到，新疆的大型水利工程"坎儿井"，这一话题，引发了小朋友们的好奇。

琪琪："坎儿井是什么？"

添添："老师，是水库吗？"

红包："它是水利工程，在新疆。"

涵涵急忙站起来说："为什么要建这个井？"

源源："因为天气太干旱了。"

小·小·调查员 📍

小朋友们带着这些问题回到家后，便迫不及待地开始和爸爸妈妈一起了解坎儿井。

第二天一入园，小朋友们便围在一起讨论起来。

腾腾："昨天，我和爸爸看了坎儿井的视频，因为新疆太干旱了，所以才建造了坎儿井，这是储藏水的一项工程。"

涵涵："坎儿井引出了地下水，爸爸告诉我，它叫'井渠'。"

淇淇："坎儿井是人们将春天和夏天渗入地下的雨水，还有雪融化后的水，利用山的坡度将水引出来的一种方式。"

通过调查，小朋友们了解了坎儿井是将地下水引出地面，成为农业灌溉、日常生活用水的主要来源。正是因为有了坎儿井，荒凉的沙漠才能成为绿洲。

我们来设计 📍

讨论过后，小朋友们对坎儿井的构造及功能有了初步了解，坎儿井到底是什么样子的？

蕊蕊："画一个不就知道了。"

叡叡："里面要有一个明渠和很多个竖渠才行。"

祺祺："坎儿井一定要建在山的中间，不能建在平地上。"

小朋友们积极地参与各种活动，有的在讨论，有的在画画。

"我设计的坎儿井，水要往这个方向流，这样一来，庄稼就都能喝到水了。"小朋友们通过绘画，表达着自己的想法……

小朋友们的兴趣十分浓厚，回家后依然沉浸于坎儿井的设计中。坎儿井设计图在他们的思考、讨论和创作中完成了，看到自己设计好的图纸，小朋友们既激动又兴奋。

早晨一入园，小朋友们就围着我说："黄老师，既然我们已经设计好了坎儿井，可不可以建造一个坎儿井呢？区域里的瓶子、管子是不是都可以用？"

小朋友们的建议也给了我新的想法。

老师："对呀，我们可以自己建造一个坎儿井。"

选一选建造材料

怎么建呢？小朋友们的意见各不相同。为了解决这个问题，他们决定选一个小组长，在材料上进行分工，统一意见。最终，他们用投票的方式，决定选用谁的设计。

"这么多材料，到底哪一种才适合建造坎儿井呢？"

"我们先来选一选。"

"试试不就知道了。"

坎儿井开工啦

在建造坎儿井的过程中，小朋友们大胆尝试，将各种塑料瓶和粗细不同的管子进行拼接，细心的小朋友还将材料进行了分类。

有的忙着找材料，有的专注于拼接管道，有的量尺寸，还有的锯管子，每个人都忙得不亦乐乎。

有个小朋友提出了质疑："位置不对，管子安装的也不对。"

有的说："管子太重了，该怎么办呢？"

卓卓："我们需要找一个东西，把管道升起来就可以了。"

淇淇："拿什么来做呢？"

淼淼："必须找一个坚硬的东西，才可以被撑起来。"

宸宸："冰棍棒就可以，你看这不撑起来了。"

涵涵："雪糕棒是可以，但是不结实，接触面太窄了，很容易倒的，这是爸爸告诉我的。"

在这个过程中，小朋友们互相合作，一起发现建造过程中出现的问题，分享解决办法，认真修改。

丁丁发现："管道距离缩短后，管道就不会那么沉，而且也不需要物体进行支撑了。"

对于这个好办法，大家鼓掌表示同意。

有的粘，有的锯，不一会儿，坎儿井的外形就完成了。

恩子："我们的坎儿井光秃秃的不好看，既然是水利工程，那可以灌溉农田啊！我们可以给水利工程加点草坪，草坪上应该有牛，还有羊，它们在草地上吃草。"

沐沐："我们可以在明渠处加一个塑料瓶子，把瓶子跟明渠的接口连接起来，就可以浇花了。"

宇宇着急地说："塑料瓶口和明渠对接上，就没有孔可以流水了，我们可以想办法，把塑料瓶上开很多孔，水不就可以流出来了！"

成长密码

　　经过小朋友们两个星期的努力，我们的坎儿井终于完工了，虽然充满了挑战和辛苦，但收获满满，成为小朋友们引以为傲的作品。每当有客人来班级参观，"小果果们"总会兴奋地指着坎儿井，自信大胆地讲述建造坎儿井的点点滴滴。从构思设计到动手制作，从克服困难到最终完工，看到小朋友们如此专注地完成一件事，我想，坎儿井不仅是一个工程，更见证了小朋友们的努力与坚持、成长与收获。

（黄婷老师）

水上威尼斯

——我们的威尼斯小镇

世界这么大，我想去威尼斯看看……

交通工具大比拼 📍

区域游戏开始啦！

各种各样的玩具车吸引着小朋友们的注意力，他们你一言我一语地聊着……

十月："我妈妈每天都会开着一辆超酷的红色小汽车送我上学。"

雨泽："我爸爸骑电动车送我，我戴着一个小小的头盔坐在上面可好了。"

顺顺："我坐过飞机！妈妈带着我去找爸爸的时候，转了三次飞机呢！"

老师："汽车、飞机、电动车都能带我们去想去的地方。"

子航："老师，出租车也可以呀！我有个叔叔就是出租车司机，他每天能带着许多人去不同的地方。"

浩浩："还有超大的轮船呢，我和妈妈在大轮船上看到了重庆的夜景！"

妍妍："我知道有一个城市，那里只有船，没有车。"

老师："听起来这真的是一个很神奇的地方！好想知道它在哪儿。"

妍妍想了想有些激动地说道："我想起来了！是威尼斯，我在书上看到过，那里的房子都建在水上，船就是他们的交通工具。"

于是，关于威尼斯的探秘之旅就这样开始了……

初探水城 📍

　　小朋友们对威尼斯的热情一直持续到晚上。他们带着疑问，和爸爸妈妈一起在绘本中、故事里和网络上了解威尼斯。关于威尼斯的秘密就像剥洋葱一样，一层又一层地被剥开。

　　轩轩："威尼斯是一座世界上特别有名的水城。"

　　糖果："这座城市是世界上唯一一座没有汽车的城市。"

　　阳阳："这座城市到处都是水和桥。"

　　正正："那里的人们和我们不一样，他们都是把船当成车，把桥当成路。"

　　小朋友们越说越兴奋，就在这时，出现了一些带着疑问的声音。

　　雪宝："房子怎么能建在水上呢？难道那些房子全是浮在水面上漂来漂去？"

　　十月："啊，漂来漂去？那他们每天都很晕吧！"

　　糖果："我觉得他们会用一种特别的材料，从水底开始建造，慢慢露出水面。"

　　辰辰："那是一种什么样的材料啊？"

　　雨泽："要不我们去查一查吧。"

　　为了探寻这些问题，小朋友们一致决定制作调查表来寻找答案。

　　第二天，小朋友们来到幼儿园分享着自己的调查结果。

　　多多："威尼斯之前是一片沼泽地，涨潮的时候就会被淹没，退潮以后会露出黏土。那里的人们会在黏土上放上木桩，然后用石头和砖在木桩上盖房子。"

浩浩："房屋之间的距离都很近！"

妍妍："因为很潮湿的原因，房屋里很容易发霉。"

顺顺："威尼斯的房子是五颜六色的，像童话世界一样。"

琪琪："他们的房子是一个一个紧紧挨在一起的。"

恬恬："那里最高的一个房子里面有三层，最下面还有一个室内码头，直接跟河面连接在一起。"

水上建筑 📍

在了解威尼斯的过程中，小朋友们对这座城市里的房屋产生了浓厚的兴趣。休息的时候，果果若有所思地看着我小声地说："我们可以做一个威尼斯吗？""当然可以！"小朋友们瞬间开心地跳了起来，但紧接着也迎来了新的问题。

老师："应该用哪些材料搭建房子呢？"

雅辰："用木头来建房子。"

妍妍："那些东西太大了，我们搬不动！"

雨泽："我想到一个好办法，可以用奶粉桶来做柱子，它圆圆的，跟威尼斯水下的柱子很像。"

浩阳："瓶子也可以！"

多多："还可以用纸箱建出七彩房子。"

老师："这个想法很棒！我们可以变废为宝。"

于是，我们开始征集废旧纸箱和瓶瓶罐罐。

收集好材料，我们就开工啦！

在小朋友们的巧手下，一个个既美观又充满创意的房子诞生了！

糖糖："五彩的房子像白雪公主里的小城堡。"

萱萱和阳阳将奶粉桶涂上颜色，用来当支撑房屋的柱子。

小朋友们用锡纸创作出海面的效果，他们富有创意的小脑袋总能以独特的方式，让普通的材料展现出令人惊喜的变化。

成长密码

在与"房子"的这场奇妙相遇中，小朋友们踏入了一个与众不同的世界。虽然在制作过程中遭遇了重重挑战，投入了大量的时间和精力，但通过不断的"探索—尝试—失败—再探索—再尝试—最终验证"的循环，他们最终取得了成功。这段经历展示了一种积极向上的态度，让孩子们亲眼见证了努力耕耘后的成果，让他们深刻体会到坚持与努力的重要性。

（胡永凤老师）

我们的水上威尼斯 📍

房子、大海已初见成效，我们离水上威尼斯越来越近，但新的问题又出现了。

帅帅："我们的房子怎么能够紧紧挨在一起呢？"

糖糖："我的房子怎么总是站不稳？"

悠悠："我的房子总是被曦曦的房子挡住，我不开心！"

正正："我的房子没有窗户，里面感觉很黑。"

云朵："我的房子一碰就掉色。"

辰辰："我的房子太重了，根本粘不牢。"

越来越多的小朋友举起了手。

老师："这么多小朋友都想说，我建议把这些问题都画下来，贴在问题墙上吧！"

很快，问题墙上挂满了小朋友们的小疑问。一个个问题，把小朋友们聚拢在了一起，我们惊奇地发现有很多相同的问题。

老师："这么多相同的问题，有没有更好的解决办法？"

经过商议，我们以问题为单位，把小朋友们分成了不同的小组，鼓励他们大胆尝试解决问题。经过小组讨论，这些问题很快就有了答案。

关于"房子不稳定"的问题讨论结果：

★ 大房子放在下面，小房子放在上面。

★ 房子和房子靠在一起。

★用不同长短的柱子连接起来。

关于"房子粘不牢"的问题讨论结果：

 ★用超强力胶。

 ★用超轻黏土粘在一起。

 ★用扭扭棒连接。

 ★可以请维修工人来帮忙。

 ★可以让我奶奶把房子缝在一起。

 ★可以请老师用胶枪来固定。

 ★可以用桥梁来连接。

关于"房子墙皮脱落"的问题讨论结果：

 ★刷上防水漆。

 ★换个纸箱，纸箱上的墙皮不掉。

 ★可以喷漆。

关于"房屋遮挡"的问题讨论结果：

 ★一个一个排队放。

 ★大房子在后面，小房子在前面。

 ★一个大房子一个小房子有规律地放。

老师："你们的办法都太棒了，小朋友可以选择自己喜欢的方法去试一试。"

在小朋友们一次次的探索和尝试中，原有的问题竟然一个个地被解决了。紧接着，我们将之前制作好的房子放在"水"面上，用桥梁彼此连接上。就这样，小朋友们心中的威尼斯制作完成了！

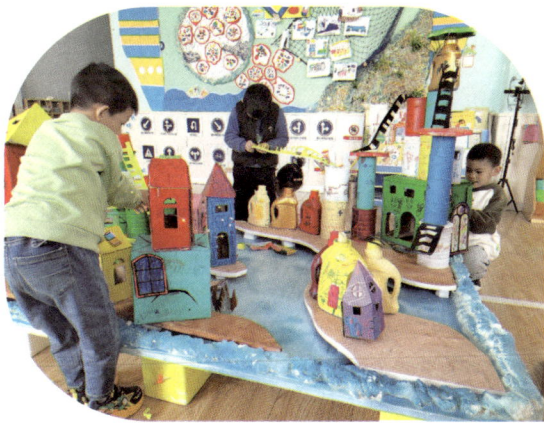

船来船往 ⊙

早晨，米粒拿着一艘小船在我们建造的"威尼斯小城"的"水面"上划来划去，瞬间吸引了很多小朋友。于是，关于船的话匣子又被打开了……

平平："我知道威尼斯的船有贡多拉！"

小苹果："威尼斯有很多电动船和快艇。"

雨泽："也有专门收垃圾的船！"

轩轩："还有运货船！"

小朋友们的分享为造船埋下了行动的种子。

梓熙："我会折纸船！纸船可以浮在水面上。"

于是，小朋友们开始学习折纸船……

纸船折好后，他们高兴地将纸船放到充气水池里，可是没一会儿，纸船就沉下去了。

于是，小朋友们对做船的材料又有了新的思考，只有不会沉下去的材料才适合做船。接下来，就是寻找合适的材料。小朋友们分组进行探讨。

雪宝："我们组的材料里面，只有木片和塑料瓶浮上来啦！"

每一组的小朋友都将结果记录了下来，有了"沉浮"的探究，他们对"做一艘不会沉的小船"就有了更大的把握。

很快，"不会沉"的小船就做好了，但是，需要用手不停地推船才会前进，于是我们又产生了新的想法。

师禹："我们可不可以给小船装上马达，这样船自己就能跑起来。"

奕博："你说的是螺旋桨吧！"

接下来，我们开始研究怎么给船装上动力，让它自己游起来。最后我们决定用皮筋和夹子制作简易螺旋桨。

在不断的实践过程中，我们发现，当小船的尾部被装上一个简易的螺旋桨后，它便获得了向前推进的动力。尽管这种动力持续的时间并不长，但小朋友们仍然感到非常快乐。

帅帅："小船如果能有持续的动力就好了。"

平平："是不是装上电动的小马达，它就会一直跑。"

小苹果："是不是还得防水。"

关于船的探索还在继续……

成长密码

　　"威尼斯小镇"是一座打开孩子们创想之路的小城，在这里有材料与儿童之间的碰撞、思维与思维之间的碰撞、儿童与儿童之间的碰撞。在这种碰撞与摩擦下，产生了奇妙的"化学"反应，我们的故事还在继续……

（胡永凤老师）

你好，机器人

让我们和机器人来一次奇妙的相遇吧！

科技的魅力 📍

九月，小朋友们升入大班，初进大班教室，对班里的一切都充满了好奇。经过一段时间的初探，"科技"这个话题引起了所有小朋友的兴趣。

铭铭："老师，周末我和妈妈一起吃饭的时候看到了一个点菜机器人，特别有意思……"

帧帧："我妈妈工作的银行里也有一个机器人，它能来回走动。"

一场关于机器人的探秘就这样开始了……

初遇·小科 📍

早晨一入园，我就将幼儿园里的机器人"小科"带到了教室，看到"小科"，小朋友们无比惊喜，争着抢着和"小科"说话。

轩轩："小科小科，你是男孩还是女孩呀？"

果果："小科，你会唱歌吗？"

佳佳："小科，给我们跳个舞吧！"

媛媛："小科，你知道嘉峪关在哪里吗？"

天天："小科，你知道为什么人会变老吗？"

渐渐地，小朋友们发现了"小科"的许多秘密，它会说话、唱歌、跳舞、讲故事……

同时，小朋友们也提出了很多疑问。

晨晨："为什么触摸小科身体的不同部位，小科就会有不同的反应？"

媛媛："小科没电了怎么给它充电？"

优优："把它放在桌子上，它会自己掉下来吗？"

橙子："它为什么能按照设计好的路线前进？"

……

这段时间，小朋友们聊得最多的话题就是机器人，我们的探索一直在继续。

回到家中，小朋友们兴奋地与爸爸妈妈分享了机器人小科的故事，并提出了各种关于机器人的问题。这激发了爸爸妈妈的兴趣，他们通过观看视频、阅读绘本等方式，开始积极地搜集与机器人相关的信息。随着这些活动的进行，小朋友们对机器人的了解逐渐深入和增多。

走进生活中的机器人

在前期积累的经验以及对机器人的初步了解之后，小朋友们在爸爸妈妈的陪同下，开始接触生活中各式各样的机器人。

优优："我家里有扫地机器人，它能扫地，还能捡东西。"

若溪："我和哥哥用乐高积木拼了一个机器人，还给它装了电池。"

淼淼："我家的机器人可以和我对话，还可以给我讲故事。"

靖潇："我家的机器人叫小度，一喊它的名字'小度小度'它就会说'在呢'。"

炜轩："我在妈妈的手机上见过一个机器人，它很厉害，叫'救援机器人'，可以帮助医生救助病人。"

长源："我有一个地球仪机器人，它知道很多知识，还可以和爸爸的手机连接起来。"

探索生活中的机器人 📍

芮芮："我有一个电话手表，我不知道是不是机器人。"

小蝴蝶："电话手表不是机器人，是电话。"

欣怡："电话手表是不是机器人，我们可以和爸爸妈妈一起上网查一查。"

我妈妈说电话手表也是机器人，不一定长得像"人"一样，机器人有很多种样子。

成长密码

从孩子们的谈话中可以看出，他们对机器人的名字、功能和外形有着直观的感受，这些感受与他们的日常生活紧密相连。然而，孩子们对机器人的认识既熟悉又模糊。例如，他们好奇电话手表是否可以算作机器人，以及机器人如何理解人类的语言。正是这些疑问推动了他们持续不断地探索，并在生活中揭开了更多关于机器人的知识。

在与父母共同探索之后，孩子们将自己的发现带到幼儿园与同伴分享。在分享的过程中，知识和经验的传递便自然发生了。

（胡永凤老师）

机器人设计初体验

寻找完身边的机器人之后，小朋友们对机器人的探索兴趣越来越浓厚。瞧，他们又有了新的想法。

糖糖："老师，我想画一画机器人，能给我一张纸吗？"

瑾妍："我也想设计一个机器人。"

果果："我想把我的游戏卡变成机器人的样子。"

祺祺："我要做一个跟别人不一样的机器人，还要起一个响亮的名字。"

佳怡："妈妈早晨起床都要化妆，我要给她做一个会化妆的机器人。"

小朋友们聊得热火朝天，都在问身边的小伙伴想做什么样的机器人，大家激动地说着自己的想法。

老师："我们可以用哪些材料做机器人呢？"

梓涵："我们班的吸管比较多，可以用吸管来当机器人的手。"

添添："硬纸板也很多，可以当机器人的身体。"

老师："那怎么固定呢？"

果果："可以用胶带，也可以用绳子。"

小宇："我们可以用螺丝帽试一试，螺丝扣和螺丝帽可以把两个东西固定在一起，我看见爸爸在家里干活用过。"

淇淇："那咱们快开始吧！好期待呀！"

小朋友们设计机器人的活动开始啦！

做着做着，他们的想法越来越大胆，越来越有灵感。

源源："你为什么准备勺子啊，机器人会饿吗？"

小彰："因为我的机器人特别能吃饭，我要把我的机器人叫干饭机器人。"

梓翰："我的机器人就厉害了，它可以帮我打扫卫生，所以我要做个扫地机器人。"

佳怡："我喜欢吃棉花糖，我要让机器人不停地给我做棉花糖，让我吃个够。"

淼淼："新疆比较干旱，为了方便大家，让机器人帮助农民伯伯撒种

子，就叫种植机器人吧！"

小朋友们的首创机器人新鲜出炉啦，他们做出了心目中喜欢的机器人，实现了自己的想法，既欢喜又自豪。

送餐机器人诞生记 📍

这一天，中班的一个小弟弟到我们教室参观，看到正在画画的哥哥，好奇地凑到哥哥旁边。

梓宸："哥哥你在画什么？"

东宝："画机器人呀！"

梓宸："画机器人干什么呀？"

东宝："我是机器人设计师，可以设计很多的机器人，然后准备把它做出来，如果你们班需要机器人就可以到我们班来订购。"

梓宸："真的吗，哥哥？我们班需要一个送餐机器人，你会设计吗？"

东宝："当然，我给你们设计一个，不过可要收费哦！"

很快送餐机器人就设计好了，图稿设计好后，小朋友们要开始制作机器人了。那么，问题来了。

东宝："老师，我们要给中班的弟弟制作一个送餐机器人，我们需要一些材料，你可以帮助我们吗？这是设计的送餐机器人，需要纸箱、胶带、盒子……"

老师："你们可以到幼儿园材料收集室找一找。"

听到我的建议，小朋友们立刻行动起来，几个人组成了材料收集小组，找来了纸箱、酸奶罐子、薯片盒等。材料找好后，他们立刻行动了起来。

橙子："我们可以先用两个纸箱，制作出机器人的身体。"

源源："送餐机器人要有探测仪，也就是它的触角。"

东宝："机器人的探测仪，就像蚂蚁的触角，是用来接收信息的。"

果果："触角可以接收信号，有人点餐时，它的触角就可以接收到信息。"

小朋友们拿着设计图你一言我一语，一点一点地探索着、制作着。当然，过程中也遇到了一些问题。

梓铭："怎么把两个纸箱固定起来？"

成成："机器人的胳膊用什么来做？"

洋洋："它是送餐机器人，把食物放在哪里最合适呢？"

成长密码

在制作机器人的过程中，孩子们不断遇到新问题。他们根据发现的问题，寻找解决方法，并不断有新的想法补充进来，给予同伴更多的灵感和支持。就这样，孩子们遇到问题、解决问题，制作机器人的小团队人数在不断地增加，机器人的样子也一点一点呈现出来。

（黄婷老师）

205

多种多样的机器人 📍

经过前期制作机器人经验的积累，小朋友们又开启了新疆摘棉花机器人的制作。这次的设计更有创意，更有自信，材料的运用和色彩的搭配也越来越丰富。

淼淼："太棒了！我们的摘棉花机器人终于做好了。"

小彰："真的是太不容易了。"

小宇："我还想做很多很多的机器人，让我们的教室变成机器人的世界。"

接下来的一段时间里，班里的每一个小朋友都非常热衷于机器人的制作，于是，我们的走廊成为小朋友们灵感迸发的根据地和作品展览馆。越来越多不同功能、不同造型的机器人在小朋友们的研发中不断问世，有化妆机器人、扫地机器人、干饭机器人、浇水机器人、吸管机器人……接下来就让我们一起来看看他们的研发成果吧！

机器人创想 📍

来到机器人大赛现场，小朋友们不但体验了比赛的快乐，还在现场看到了各种各样的机器人，他们和机器人拍照、游戏、对话。

子茗："快看，这个机器人好高呀！它看起来特别厉害，脚底下还有一个会转动的轮子。"

昊昊："老师，这个机器人身上有这么多大大小小的轮子，它是不是跑得特别快？"

妍妍："回家后我也要设计一个超级大的机器人。"

比赛结束后，小朋友们热火朝天地聊起了在大赛上的所见所闻。

子铭："我见到的机器人又高又大，很威武。"

若溪："机器人大赛上有很多的机器人作品，我参加的是合作搭建'我的幼儿园'，我们的作品获得了第一名。"

佳荟："我没有去，真的是太遗憾了。"

子茗："没关系，下次我们可以一起设计一个机器人去参加比赛。"

老师："我觉得这个想法很不错，加油！"

于是，小朋友们的机器人创想之旅就开启了……

佳荟将自己的超级机器人设计灵感和小朋友们分享，他们非常喜欢，也想用壁布创作机器人。

前方高能预警！一大波"机器人"作品即将来袭……

成长密码

每个孩子心中都有一个独一无二的机器人。机器人活动为孩子们提供了发展无限创造力的可能，他们在自由创作的过程中，表达自己的想法，与同伴共同协商，合作制订计划。

（胡永凤老师）

展望未来 📍

老师："小朋友，今天我们来玩一个故事接龙的游戏怎么样？"

嘉芮："老师，什么是故事接龙？"

老师："就是全班小朋友一起完成一个故事，每个小朋友要在前一个小朋友的基础上续编故事内容。"

睿睿："那我们接什么故事好呢？"

媛媛："老师，可以接龙机器人的故事吗？"

欣怡："我也喜欢机器人。"

老师："这个主意不错，我们可以试一试，那你们想一想故事的名字叫什么呢？"

靖潇："叫《机器人王国》？"

有了主题，明白了规则，小朋友们开始了《机器人王国》故事的接龙游戏。

轩轩："这个故事太有意思了，回家后，我要和爸爸妈妈一起玩一玩。"

橙子："老师，我觉得我们还可以把故事画下来，分享给弟弟妹妹。"

于是，原创绘本《机器人王国》续编就此开启……

209

孩子们的机器人探秘之旅还在继续……

未来的世界是我们无法想象的，而小朋友的想象，或许就是未来世界的模样。

成长密码

《机器人王国》故事接龙，接龙的是孩子们自主编写的故事，是孩子们丰富的想象力、浓厚的阅读兴趣，更是家庭之间、家园之间爱和教育的接力。

（胡永凤老师）

最近，我家孩子对机器人产生了浓厚的兴趣。每当他回到家，就迫不及待地让我帮他搜索关于机器人的视频和图片等资料，甚至让我给他购买与机器人相关的绘本。为了满足他的好奇心，我精心挑选了《Hello，机器人》《机器人蓝鸟》《机器人魔力汤》和《神秘机器人》这四本书。

自从有了这些书，他每天都沉浸在机器人的世界中，抱着这些书研究得津津有味。在阅读的过程中，我发现他在幼儿园已经积累了大量的关于机器人的知识，而且他的思维非常灵活。有时候，他会提出一些连我都觉得困惑的问题，但他却能够自信满满地给我讲解。

　　我想，这正是老师在家长会上提到的"玩中学、学中玩"的教育理念吧！让孩子在游戏中学习，不仅能够激发他们的好奇心和求知欲，还能培养他们独立思考的能力。而这种在游戏中获得的思考，无疑是孩子成长过程中最为宝贵的财富。

（优优妈妈）

　　这个班级在做机器人主题的时候，每次走进他们的教室就仿佛走进了一间科学创作室，每一个孩子都认真地进行着自己的设计和创作，他们时而和旁边的小伙伴交流讨论，时而沉浸在自己的思考中，时而动手尝试各种材料带来的可能性，没有一个孩子游离于游戏之外。多年后的他们，也许会像此刻这样专注于自己的工作、热爱自己的工作，这就是游戏的价值。

（园长妈妈）

了不起的中国基建

——珠穆朗玛峰电梯计划

我想在珠峰上看星星……

来，一起搭个电梯 📍

今天的晨间活动是自主阅读，阳阳选择了一本《揭秘建筑》，一边看一边自言自语："这些房子都不一样，有的高，有的矮，有的胖胖的，有的瘦瘦的……"

看到阳阳的书这么有意思，旁边的豆豆也被吸引过来，趴在旁边和阳阳一起看。

阳阳："像贝壳一样的是悉尼歌剧院，我爸爸以前给我讲过。"

豆豆："这个房子像个柱子，可是它怎么是歪着的呢？它会不会倒下来？"

米拉："这里写着它的名字，可是我只认识'比'和'塔'，这是什么呀？"

老师："这是意大利的比萨斜塔，虽然它是歪着的，但经过了上百年的时间，它依然没有倒塌。"

听着我们的讨论，越来越多的小朋友围了过来，一时间，这本书成了小朋友们的关注点。

阳阳："金字塔看起来是三角形的，为什么要叫金字塔呢？"

植树："可能是它看起来是金黄色的吧！"

豆豆："我知道金字塔在埃及，在金字塔的旁边还有一个人的雕像，他长着狮子的身体。"

老师："那是狮身人面像！"

天天："老师，金字塔是怎么建起来的啊？"

老师："大家想一想，我们现在盖高楼会用到哪些机械工具和建筑材料呢？"

阳阳："挖掘机、吊车、起重器、钢铁、水泥……"

老师："古代埃及可没有这些工具和材料哦！"

聪聪："那金字塔是怎样建造起来的呢？"

老师："我们可以一起从绘本里找答案。"

了不起的中国基建 📍

在绘本的讲述中，小朋友们了解了古埃及金字塔的建造方式，纷纷惊叹古埃及人的建筑智慧。

阳阳："古埃及人真了不起，不用吊车就可以建造那么高的金字塔。"

堂堂："而且金字塔造型很独特，每一面都是一个完整的三角形，他们的建筑师实在是太厉害了。"

老师："我看到了一则新闻，在埃及新首都的建设中，埃及政府为了缓解首都人口压力，要在开罗以东的沙漠地带建造一座新行政首都。在这一宏大的建设计划中，中国扮演了重要的角色，中国建筑集团承建了包括'非洲第一高楼'在内的多个关键项目。这是为什么呢？"

米拉："因为我们中国人很善良，喜欢帮助别人。"

咕咚："因为埃及是'一带一路'上的国家，我们要互相帮助。"

宸宸："说明我们中国的建筑师很厉害！"

随着小朋友们提出的问题，我带领他们一起了解了许多中国的基础建设项目。首先观看了埃及的摩天大楼，然后是厦门翔安海底隧道，接着是港珠澳大桥，最后还探讨了"一带一路"倡议下，中国与其他国家在基础设施方面的合作项目。这些项目展示了中国在基础设施建设方面的实力和成就。

小朋友们一边观看视频资料，一边惊呼："中国基建太厉害了，中国人真了不起！"

老师："所以呀，我们中国基建还有一个很威风的名字——'基建狂魔'，这说明什么呢？"

阳阳："说明中国基建无所不能！"

石头："我们可以建造自己喜欢的房子！"

植树："可以用最快的速度，就像建高铁站一样。"

老师："你们想建造什么样的房子？"

米粒："我想建一座城堡。"

小笼包："我想在海底建一个玻璃房子，这样，我就能和虎鲸住在一起，鲨鱼也吃不掉我。"

植树："我想要一条超级铁路轨道，一眨眼的工夫就能到西安看姥姥。"

堂堂："我想在世界上最高的珠穆朗玛峰上看星星。"

阳阳："珠穆朗玛峰到底有多高呢？"

堂堂："就是很高很高，爸爸给我说的那个数字我记不清了。"

小朋友们开始围绕"珠穆朗玛峰到底有多高"这个话题讨论起来，在自己认知范围内用最大的数字来描述珠穆朗玛峰的高度。这时，老师找来关于珠穆朗玛峰的书籍和视频资料，与小朋友们一起寻找答案。

珠穆朗玛峰 📍

夏果："我在视频里看到珠穆朗玛峰有主峰和侧峰，主峰最高，两边的侧峰比较矮。"

嘟嘟："那主峰就像我们班的阳阳，他在我们班是最高的。"

老师："请小朋友来模仿一下珠穆朗玛峰的样子吧！"

在了解珠穆朗玛峰的过程中，小朋友们发现珠穆朗玛峰的两侧是不对称的，一侧高，一侧矮，一侧长，一侧短。

通过身体模仿，小朋友们对珠穆朗玛峰的样子有了更清楚的认识，在区域游戏中，他们决定制作一个珠穆朗玛峰的模型来实现自己"登顶"的小愿望。于是，我们的珠穆朗玛峰建造计划就开始啦！

小朋友们找来了各种各样可以搭建珠穆朗玛峰的材料，如纸箱、泡沫板、塑料膜，还有电器产品的包装，最后决定用泡沫板搭建珠穆朗玛峰。原因是泡沫板有长、有短，就像珠穆朗玛峰的主峰和侧峰有高、有矮。

在搭建的过程中，小朋友们进行了反复地尝试，决定先用比较长的泡沫板搭建珠穆朗玛峰，再用短一点的泡沫板靠在主峰上比较容易。老师在一旁提醒幼儿，使用胶枪固定时要注意安全。

珠穆朗玛峰搭建完成后，小朋友们看着眼前的"珠穆朗玛峰"非常兴奋：

宸宸："这个珠穆朗玛峰跟我们在视频里看到的珠穆朗玛峰好像不太一样？"

老师："哪里不一样呢？"

宸宸："我看到的珠穆朗玛峰上面是有雪的。"

聪聪："我们的珠穆朗玛峰上面都是白白的，像被白雪盖住了。"

宸宸："可是，我看到的珠穆朗玛峰上面有的地方有雪，有的地方没有雪。"

于是，我和小朋友们再次观察珠穆朗玛峰，发现，果然像宸宸说的那样，珠穆朗玛峰并没有完全被大雪覆盖，并且在观看视频的过程中还发现，在珠穆朗玛峰

上，还有勇敢的登山员。于是，小朋友们在原来的基础上，为自己的"珠穆朗玛峰"添上了颜色，并用彩泥和画笔加上了勇敢的登山员！

通过了解，小朋友们不仅知道了珠穆朗玛峰的高度，还知道了珠穆朗玛峰周围缺少氧气，极其寒冷，登上珠穆朗玛峰是一件很困难的事情。

珠峰上的电梯计划 📍

看着自己建造的珠穆朗玛峰模型，小朋友们又有了更多愿望和想法。

思儒："我们可不可以坐直升机飞到珠穆朗玛峰上面去啊？"

夏天："我觉得热气球也可以吧。"

轩轩："让飞机飞得高一点，用降落伞在珠穆朗玛峰上方跳下来，不就可以了嘛。"

堂堂："你们说的方法太危险了，不适合我们小朋友！"

小笼包："我家住在12层楼，我每天乘电梯回家一点也不费劲，所以我们能不能建一部电梯，把我们送上去。"

堂堂："这个方法好，坐电梯我就不害怕了。"

老师："我之前去过张家界，乘坐过国家森林公园的百龙天梯，就是建在高山上的电梯，速度很快、很安全。"

于是一项伟大计划就这样诞生了……

老师："在我们的生活中，大家都见过什么样的电梯呢？"

朵朵："商场和超市里有台阶一样的电梯！"

嘟嘟："我家的电梯像一个小箱子，把我装进去以后就上去了。"

宸宸："妈妈带我旅游的时候，我还坐过能看到风景的观光电梯。"

老师："珠穆朗玛峰适合哪种电梯呢？"

阳阳："我喜欢观光电梯，可以看到珠穆朗玛峰外面的风景。"

清清："我愿意乘坐安全一些的电梯。"

植树："我想在坐电梯登顶的过程中，感受一下珠穆朗玛峰的温度到底有多冷。"

于是，小朋友们根据自己的想法开始设计图纸。

老师："我看到你们的电梯里有这么多小格子，是做什么用的呢？"

咕咚："珠穆朗玛峰那么高，乘电梯要很长的时间，如果我饿了就需要有一个餐厅，顺便还可以休息一会儿。"

元宝："对呀，如果要坐很久，我们还可以建一个电影院或者图书馆。"

多多："还得在每一层设计一个卫生间，没地方上厕所可不行。"

豆豆："必须要有信号塔，我还要给爸爸妈妈发视频呢！"

就这样，小朋友们设计的图纸越来越丰富了，电梯计划随即进入下一个阶段。

珠穆朗玛峰电梯诞生啦 📍

有了设计好的图纸，小朋友们找来了生活中常用的纸箱、pvc管、麻绳、泡沫等废旧材料开始施工了！

用小纸箱叠起来，做一个高高的电梯。

对电梯进行美化，设计属于我们的专属电梯。

研究一下，游客通过怎样的方式到达峰顶呢？

当小朋友们研究出可以正常运行的电梯后，问题来了：谁能有足够大的力气去转动pvc管，把游客运送到峰顶呢？

植树："我们得给电梯通上电。"

老师："电从哪里来呢？"

阳阳："风可以发电，水也可以发电……"

小迪："可以把我们这里的电通过管道运输过去。"

石头："我们还可以用太阳能发电，就像小区里的路灯上都有一个板子。爸爸说白天它吸收太阳能储存电，晚上路灯就亮了。"

老师："珠穆朗玛峰上有厚厚的积雪，还会刮很大的风，我们把太阳能板放在哪里，才可以让它吸收到太阳能呢？"

小朋友们一时好像也想不出好办法来，而老师对于这个问题也没有很深的了解。

老师："这个问题的答案老师也不是很清楚，今晚回家，我们一起想办法找到答案。"

第二天早上的点名环节，老师就昨天的问题和小朋友们进行了讨论。

宸宸："我昨天在家里的书上看到了空间站，我们可不可以在太空里建造一个能够发电的空间站！"

于是空间站又进入到小朋友们的视野中。

"空间站是什么样子的呢？它是怎么工作的？"看着小朋友们迫不及待的小眼神，我们又开始了新一轮的科普。小朋友们从一体机上搜索相关的视频，到阅读吧去查找相关的绘本，回家和爸爸妈妈一起讨论……

空间站太阳翼有多长呢？比全班小朋友手拉手站一排的距离还要长很多很多！

游客中心 📍

　　小朋友们在解决了电梯和空间太阳能发电站的问题以后，又开始进行新一轮的讨论：珠穆朗玛峰电梯建好以后，肯定会有很多游客，怎么能保证游客遵守秩序，排队乘坐电梯呢？

　　沁沁："妈妈带我去方特的时候，需要先买票，然后从检票口一个一个进入，这样就不拥挤了。"

老师："你说的是游客中心吗？小朋友都去过那里吗？那里都有什么呢？"

轩轩："需要有餐厅和买饮料的地方，吃着好吃的登珠穆朗玛峰，那多开心呀！"

清清："我觉得需要有医生，珠穆朗玛峰那里太冷了，如果冻感冒了，医生可以给我们治病。"

植树："那可以开一个卖衣服的地方，卖那种厚厚的衣服，这样就不怕冷啦。"

为了让珠穆朗玛峰景区设施更加完善，小朋友们再一次投入游客中心的建设工程当中了。

成长密码

从一本书到中国基建，到珠穆朗玛峰建设计划，再到珠穆朗玛峰配套设施的创作，小朋友们沉浸在自己的游戏中。而整个游戏似乎有一根线、一把梯子帮助小朋友们到达一个又一个游戏的制高点，这样的创作也让我沉迷其中。我时常在想这根线是什么？在陪伴小朋友们完成珠穆朗玛峰建造后，我似乎明白了，游戏中的这根线就是对未来世界的好奇心和探索欲。

（张静老师）

后

附

没有书的幼儿园，孩子们学到的是整个世界！

——蓝月亮班家长　李春梅

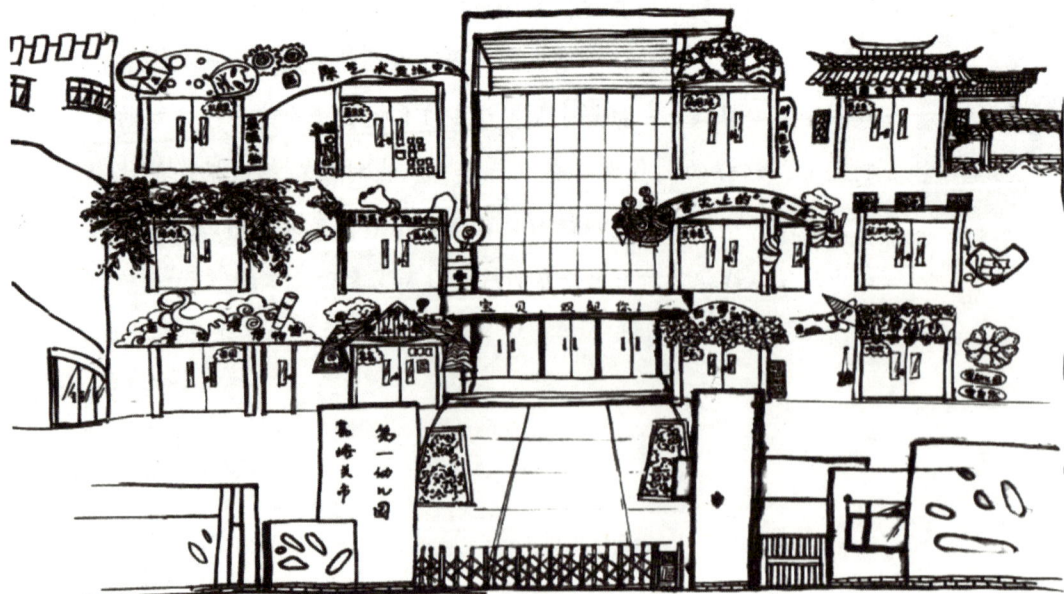

看，孩子们眼中的"一带一路"

王雨诺（6岁）

这是一片麦田，更多的国家加入就有更多的麦子生长出来，这辆小车向我们缓缓行来。画面上一半是外国人，一半是中国人，我们手拿麦子想要送给他们，他们张开双臂，兴奋地迎接我们。我们在彩虹桥上一同快乐地玩耍。

李紫祺（6岁）

我画的"一带一路"是一个国家盛产黄金，另一个国家盛产钻石，我们国家想要他们的钻石，他们想要我们的黄金。于是，我们就互相交换，这样两个国家都可以变得更加富有。

母潇（6岁）

"一带一路"就像一条长长的旅途路线。它从我们中国的天水走到兰州，然后，它会经过嘉峪关、敦煌，最后到达新疆。它还会走出国门，去到很多其他国家。在这条旅途上，我

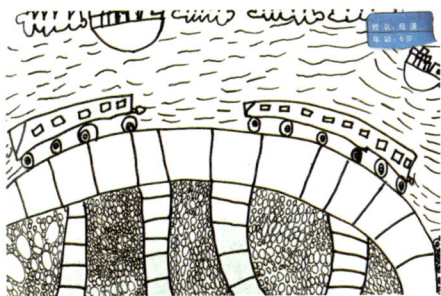

们和沿途遇到的朋友们都会互相帮助，就像好朋友一样。

何依城（6 岁）

这是我心中的"一带一路"。在天空中，有一架飞机正在飞行，里面有许多小朋友。他们带着许多物资，飞机要把别的国家的货运送到中国来。

有一艘大轮船停在岸边，它要把中国的物品运到别的国家去。

在火车道上，有一列长长的拉货火车，后面跟着一列中国的高铁。高铁的旁边有很多山，山上有一些小朋友骑着骆驼，准备把礼物送给外国的小朋友。

范祥平（5 岁）

我画的"一带一路"故事是蓝天救援队的叔叔坐着火车去土耳其。因为那里地震了，他们去救援，还带了很多很多的救援装备和食物。我要给救援队的叔叔们送一个大奖杯，因为他们真的很辛苦！

卢文皓（6 岁）

看，这里有好多房子，是我们中国帮助他们修建的。有的已经建好了，有的还在建。这里有卡车和吊机运来施工需要的材料：玻璃、石头、水泥、电线和插头。我们帮他们建房子，他们给我们钱，这样，我们的国家就更强大了，大家都很高兴。

王轩槿（5岁）

我心中的"一带一路"的故事是：一艘大大的船拉着中国的物品，有葡萄、玩具、陶罐和书包，要运到意大利。我还画了一个大大的爱心，这是送给意大利威尼斯小朋友的礼物。

何可欣（6岁）

画面上有的小朋友手拉着手在玩火车玩具，有的在享用美味的晚餐，有的举着写有"中国"的牌子，代表他们在努力建设中国。

整个地球上的人都在工作，"一带一路"就像一张大大的蜘蛛网，联系着中国和其他国家，让世界在不断地发展。

李浩清（6岁）

古时候"丝绸之路"的交通工具是骆驼，它会把我们的丝绸、陶瓷运送到其他国家进行交换。现在的"一带一路"可以把我们厉害的工程师送到别的国家，帮助他们建造大桥、高楼。

每次周一升国旗的时候，想到这个，我都觉得自己好骄傲，因为我是中国人！

赵佳怡（6岁）

我眼中的"一带一路"就是合作。当我有一个草莓，好朋友有鸡蛋、面粉、牛奶和盘子时，我们可以合作做一个大蛋糕，一起分着吃。

李翊㸰（5岁）

这几个小朋友在交换东西，比如钻石、爱心、棒棒糖等，还有两个人牵着骆驼，骆驼背着货物，一个小朋友想要拿气球交换货物。

俞萱（6岁）

"一带一路"在我心中就像是一片广阔的沙漠。在很久以前，人们会用骆驼来运送各种各样的东西，穿越沙漠去到很远的地方。除了陆地上的丝绸之路，还有海上的丝绸之路。现在，交通变得非常便利，我们可以坐飞机去很多地方旅游。看着空中来来往往的飞机，我觉得我们的祖国真的很伟大。

后 记

初 心

2022 年 7 月 15 日，我离开了工作 15 年的嘉峪关市第一幼儿园。一位老师问我："园长，你是怎么坚持了 15 年，还能始终保持初心？"是啊，是什么时候有的初心？是什么让我这样坚持了十几年的课程探索？

2007 年 9 月，我来到一幼担任园长，那一年我的女儿三岁半。为了尽快熟悉幼儿园工作，重拾老本行，于是，买了一些与学前教育有关的书籍学习，其中就有《窗边的小豆豆》一书。那时，每晚睡觉前都要给女儿讲故事。为了学习与讲故事两不误，我就给女儿念这本书里的故事。在讲的过程中，我逐渐被巴学园所吸引：那辆用废弃电车改装成的教室；不固定的学生座位；黑板上的课程内容，孩子们可以自由选择；学校的饭菜叫"山的味道、海的味道"。其中，有一个让我印象最深刻的故事情节：为了找到掉进便池的钱包，小豆豆把厕所里挖出来的东西堆成了小山，小林校长看见后，听完小豆豆的解释，只说了句：是这样啊！就背着手走开了。竟然还有这样的校长！我被深深地震撼了！女儿听了书中一个个有趣的故事，都会哈哈大笑，我问她："你想去一个这样的幼儿园上学吗？""想啊，我也要在汽车里上学。"看着女儿满是期待的眼神，那时的我好像知道了应该做一名什么样的园长，办一所什么样的幼儿园。

从 2007 年到 2022 年，我的年龄从 32 岁增长到 47 岁，女儿也从 3 岁成长到 18 岁。在这 15 年间，我总是会就一些她成长中的问题或是幼儿园孩子的问题，问问她是如何想的，以解我的困惑。在这一问一答中，总是会带给我新的认识：对妈妈的认识，对园长的认识，对教育的认识。

记得女儿6岁时给她报了国画兴趣班，带班教师是一名温柔、说话慢声细语的女老师。暑假时因为教学地点换了地方，去上课时也换成了一名男教师，新教室的面积、环境，我都很满意。因为是补课，那天上课的只有3个小朋友，等到下课我去接她时，很明显看出她有些不高兴，等到我问她上得怎么样时，女儿突然放声大哭，那种伤心的哭是她长这么大从来没有过的。我很着急地问她怎么了，为什么哭，可她就是哭，一句话也不说。我越问越急，语气也越来越严厉。7月的天非常热，女儿哭得上气不接下气，汗水也大滴大滴地顺着额头往下流。一看实在问不出结果，我只好忍耐下来，带她去附近餐馆买了冰激凌。也许哭得差不多了，冰激凌又冷却了燥热，女儿的情绪慢慢平稳了下来。这时，我又问她能不能说说到底为什么大哭。接下来，女儿说的话着实给我上了一课。她略带哭腔地说："那个男老师上课竟然穿着拖鞋，还把裤腿挽起来，小腿都露出来了。而且说话的声音那么大，我明明能听见，可他站得那么近，还那么大的声音，吵得我都不会画了，他一点都不像老师，还教画画！"原来竟是这个原因。刚才，我想象了各种可能，也猜到了她可能不太喜欢男老师，但没想到的是她已经有了自己对老师标准的价值判断。在她的心中，画画是一件非常美好的事情，老师也应该是充满文艺气息，浪漫的、温柔的（后来长大了，又提起这事，女儿的话），而不是粗枝大叶，不修边幅，说话粗鲁的，是我小看她了。我认真地看着女儿，告诉她："你的感觉很对，老师不应该这样，如果你不喜欢可以不上。""真的吗？""真的！"女儿如释重负地长出了一口气，情绪一下好了起来。也是这次，让我更深刻地理解了小林校长能够连续4个小时专心地倾听"小豆豆"说话都不打个哈欠，是何等的令人尊敬！

这样的对话有很多很多。随着年龄的增长，我和女儿的对话也从幼儿园聊到小学、初中和高中。现在，她已经是一名大学生了，我们又聊到大学。有时，她会突然想起小时候的一件事，告诉我那会到底是怎么想的，有时高兴，有时愤愤不平，恨不能时光倒流，再来一次，重新应对。每次看着女儿毫无顾忌地像个话痨似的说个不停，我都感到非常幸运，幸运能够在女儿上幼儿园时，来到幼儿园工作，在个人专业知识、水平能力提高的同时，让我能够蹲下来平视孩子，认真倾听，平等交流，理解、共情。也因此，我和女儿成了无话不谈的好朋友，她也成了我工作上的"小帮手""启发器""加速器"，也让我更深刻地理解了学前教育的重大意义。

非常感谢我亲爱的女儿能来到我身边，让我成为母亲。在我态度不好时，仍然无条件地爱我，给我改正的机会；在我沮丧、气馁时，她会用温暖的小手摸着我的脸，抱着我；在我成长的路上给我启发和动力，让我不断地反思，不断地努力，做一名合格的母亲、合格的园长。小的时候总会逗她："书上说，小孩子都在天上排着队，看着人间，自己挑选妈妈，那你在天上的时候怎么看见我，选我当你妈妈的？"她想了想说："我也不知道，反正就看见你了。"前几天，我们又聊起这个话题，她已经20岁了，说："我也不知道，反正就是特别特别特别喜欢你！"我瞬间泪目！忽然就想起了绘本《猜猜我有多爱你》。孩子与母亲之间的爱，也许真的是牵绊了几生几世，深不可言。这种爱，之于老师和孩子，异曲同工。园长妈妈、老师妈妈，这也许就是我的，我们的初心。

感谢缘分，让我和幼儿园这么多可爱的孩子们相遇！当他们抱着我说："园长妈妈，我好想你啊！""园长妈妈，我特别喜欢你亮晶晶的裙子！""园长妈妈，你好长时间没来看我们了！""园长妈妈，这是我做的饼干，送给你！""园长妈妈，来尝尝我做的果茶！""园长妈妈，你看我画的银角大王！""园长妈妈，你在办公室里都在干什么？""园长妈妈，你听我说……"我知道，是孩子们温暖了我15年！这15年我所做的都是分内之事，却得到了这世上最真心、最纯洁、最珍贵的回馈！

　　感谢亲爱的老师们，在十几年课程推进的道路上，令人动容的是"默默"——创设区域环境、用心指导游戏、潜心学习专业、悉心指导家长。老师们从容慷慨地拥抱了一路走来的每一个时刻：迷茫、困惑、欣慰、成长、绽放，他们的默默付出成就了今天多彩的"一带一路"主题区域游戏。区域游戏中的每一个孩子，不仅仅是一个单独的、独立的故事，也是我园区域发展的故事，更是幼儿园发展的一个缩影。在这里，有老师们思考前行和他们走过的四季。无论遇到什么，梦想初心都在这儿，而我们终将到达。

　　不敢松懈，不能辜负，坚守初心，一路向前！

　　最后，也非常感谢教育局领导让我有机会、有15年的时间在幼儿园和老师们实现心中的理想！感恩、感谢！

张　芹

2024 年 4 月